大学体育运动与康复训练研究

啜 静 ◎ 著

吉林出版集团股份有限公司

图书在版编目（CIP）数据

大学体育运动与康复训练研究 / 啜静著. — 长春：吉林出版集团股份有限公司，2024.4
　　ISBN 978-7-5731-4841-4

　　Ⅰ．①大… Ⅱ．①啜… Ⅲ．①大学生－体育运动－研究②大学生－运动训练－研究 Ⅳ．①G807.4②G808.17

中国国家版本馆CIP数据核字（2024）第081660号

大学体育运动与康复训练研究

DAXUE TIYU YUNDONG YU KANGFU XUNLIAN YANJIU

著　　者	啜　静
责任编辑	滕　林
封面设计	林　吉
开　　本	787mm×1092mm　　1/16
字　　数	150千
印　　张	13
版　　次	2024年4月第1版
印　　次	2024年4月第1次印刷

出版发行	吉林出版集团股份有限公司
电　　话	总编办：010-63109269
	发行部：010-63109269
印　　刷	廊坊市广阳区九洲印刷厂

ISBN 978-7-5731-4841-4　　　　　　　　　　　定价：78.00元

版权所有　　侵权必究

前　言

体育运动训练主要是指在体育教练员的引导下开发运动员的身体状态，提升其专项技能的运动水平，力求达到优秀运动水平的一种专业组织的训练状态。体育运动训练是开展竞技体育活动的重要过程，是为了提高运动员专项技能的运动水平与成绩，在教练员的指导下开展的专业的、有计划的体育活动。大学体育教师需要根据国家规定的教学大纲与学校安排的教育计划来开展体育教学，指导学生进行身体锻炼，掌握基础体育知识与技能，通过体育锻炼养成良好的思想品德，形成健壮的体魄，推动学生身心全面发展。

在日常体育教学中，实现大学生"体育素养"与"身体素质"之间的平衡是教师面临的难题之一。在大学体育教学中改善学生的体质不可能只通过简单的动作练习就完成，需要根据人体机能的形成规律，在专业的活动中累积发展。如果在体育教学中，教师将教学重点倾向于给学生讲授体育知识，提升学生体育素养，对于学生身体素质的训练就会减少。然而，这一行为又不利于体育教学目标的实现。因此，借鉴体育运动训练就可以较好地找到两者中的平衡点，弥补大学体育教学的不足。体育运动训练的训练内容能够在提升大学生身体机能的同时累积大量的实践技能与知识，这对于在大学体育教学中开展体质训练活动有着重要的辅助作用。

  体育运动训练是一个需要长时间累积的过程，需要根据训练项目的特点来开展训练活动。相对于大学体育教学来说，体育运动训练的专业性更强，但其训练理论、训练方法与训练内容都可以给体育教学带来启示，对实现体育教学目标起到一定的积极作用。

  与此同时，通过体育手段来实现病、伤、残患者身体功能的康复已经越来越受到人们的重视。体育康复是充分利用体育与医学、卫生的最新成果的新型学科，是医学的一个分支，也是体育专业的创新。体育康复是运动人体科学的重要部分，它结合了体育学、医学、生物学等专业的知识，但又不是各个学科的混合，而是在此基础上有自己的特点和创新。

  由于笔者水平有限，本书难免存在不妥和疏漏之处，敬请广大学界同人与读者朋友批评指正。

啜　静
2024 年 1 月

目 录

第一章 运动与健康 1

第一节 健康概述 1

第二节 运动对身体的影响 6

第三节 运动、营养的科学原则 14

第四节 睡眠与健康 18

第五节 体重与健康 21

第六节 运动与心理健康 26

第七节 运动与社会适应能力 32

第二章 体育运动的价值作用 37

第一节 体育运动对大学生的生理健康的作用 38

第二节 体育运动对大学生的心理健康的作用 44

第三节 体育运动对大学生的社会适应性的作用 53

第三章 大学生身体素质训练 60

第一节 力量素质 60

第二节 速度素质 69

第三节 耐力素质 76

第四节 灵敏和柔韧素质 79

第五节 灵敏素质 85

第六节 核心力量 89

· 1 ·

第四章 体育康复理论基础 94

第一节 肌肉生理学基础 94
第二节 神经生理学基础 101
第三节 长期制动或卧床的不良生理和效应 124

第五章 运动损伤及康复、预防 131

第一节 运动损伤 131
第二节 常见运动损伤及处理 136
第三节 常见运动性疾病的预防与处理 149
第四节 体育卫生和运动康复 163
第五节 身体疲劳与恢复 180
第六节 运动与水分补充 194

参考文献 199

第一章　运动与健康

人类文明经历了体力劳动时代—机械化时代—信息化时代的发展过程。随着信息化进程的加速，越来越多的人从事脑力劳动，体力劳动的减少和劳动强度的降低使人类面临生物结构与生理机能退化的风险。文明的进步让人类付出了代价，某些"文明病"，如冠心病、糖尿病、高血压、肥胖症等严重威胁着人类健康，影响着人类的生命质量。如何保持身体健康，防止人类在文明进步中可能产生的某些身体机能的退化呢？人类在自身的发展过程中找到了最简单、最有效、最有趣的方法——体育锻炼！

第一节　健康概述

一、健康的定义

1948年，联合国世界卫生组织（WHO）在其宪章《阿拉木图宣言》中明确指出："健康乃是一种在身体上、精神上的完满状态，以及良好的适应力，而不仅仅是没有疾病和衰弱的状态。"由此可见，一个人只有在身体上和心理上保持健康状态，并具有良好的社会适应能力，才是真正的健康。

1989年，世界卫生组织根据现代社会的发展，又将"道德健康"纳入健康概念，即除了身体健康、心理健康和社会适应良好外，还应包括道德健康，只有同时具备这四方面的健康才是完全健康。

世界卫生组织提出了健康的10条标准：

（1）精力充沛，能从容不迫地担负起日常生活和繁重的工作而不感到过分紧张与疲劳。

（2）处世乐观，态度积极，乐于承担责任，不挑剔。

（3）善于休息，睡眠好。

（4）应变能力强，能适应外界环境的各种变化。

（5）能够抵御一般感冒和传染病。

（6）体重适当，身体匀称，站立时头、肩位置协调。

（7）眼睛明亮，反应敏捷，眼睑不发炎。

（8）牙齿清洁，无龋齿，不疼痛，牙龈颜色正常，无出血现象。

（9）头发有光泽，无头屑。

（10）肌肉丰满，皮肤有弹性。

二、心肺功能与身体健康

人体的心肺功能或有氧能力的增加有赖于以下途径：人体的大肌群参加持续的周期性运动，运动频度为每周3~5次，每次20~60分钟，强度达到50%~85%VO_2max（最大摄氧量，即身体消耗氧的最大值）。

典型的有氧运动包括跑步、游泳、骑自行车、快走以及大量的耗能型运动。心肺耐力被认为是与健康密切相关的因素，这是因为一旦人体的心肺功能处于低水平，人体便会明显地出现许多致病、致死因素的早期征兆。

（一）身体成分

身体成分是指人体总体重中脂肪与非脂肪的比例，常常用体脂率来表达。健康成年男性的体脂率应在15%以下，而女性应在23%以下。肥胖症即身体脂肪的过度增长，肥胖与许多疾病有明显的因果关系，是困扰现代人类的一大病症。肥胖的人，尤其是苹果形肥胖体型的人，染病几率很高，梨形肥胖体型的人则稍低。许多方法，如皮脂厚度测量法和水下称重法都可以用来测量体脂率，并且该类方法远比身高体重比例的方法要精确。

身高体重标准表列出了一系列与身高相对应的体重，但该法只能粗略地估算出一个人的理想体重。因为人类个体之间的去脂体重差异很大，如肌肉强壮的人或运动员虽然体脂很少，但若根据身高体重表，则常易被判断为"超重"。那些肌肉较少、骨骼较轻的人则常易被判断为"体重合格"，但实际上他们也许携带着超标的脂肪。基于以上原因，为更好地体现人体的健康程度，人们往往更倾向于将体脂率和理想体重作为评判指标。

现代医学知识表明，人体过剩脂肪堆积的部位不同，最终影响健康的情况也不同，腹部脂肪多的人要比臀部和腿部脂肪多的人患病的可能性大。换句话说，躯干部和腹部脂肪多的人（被称为苹果形肥胖体型）的患病危险要比臀部与腿部脂肪多的人大（后一类人被称为梨形肥胖体型）。

腰围和臀围的比值法（WHR）是一种简单且方便的方法，可以很快地测出人体肥胖的程度。若男性的腰围和臀围比值超过0.9，女性超过0.8，则患病的可能性会大大增加。换句话说，当腰围接近或超过臀围时，肥胖程度已经大大地超出了安全下限。

（二）肌肉的力量和耐力

肌肉的力量和耐力训练对身体的好处包括可以增加骨密度和肌肉的力量、改善肌肉的形状，有助于降低产生腰痛、骨质疏松和其他老年疾病的可能性。但发展肌肉的力量和耐力对预防心脏病、癌症、糖尿病和其他慢性疾病没有作用，也不能提高人体的有氧能力。

发展肌肉的力量和耐力有助于增加骨密度（减少骨质疏松症发病的可能性）和肌腱的力量，改善肌肉的形状，并有益于增强个人的自信心。成年人在30岁到70岁之间，肌肉的体积和力量平均会下降30%，主要原因是缺乏锻炼，而且这种下降会导致许多老年病的发生。

目前还没有足够的证据可以证明力量训练能降低心脏病、癌症、糖尿病、高胆固醇和其他慢性疾病等的发病可能性。力量训练对发展 VO_2max 也收效甚微，原因在于力量训练时的耗氧量很少超过60%，因此力量训练者在进行力量训练的同时应结合进行一些有氧运动。

（三）柔韧性

柔韧性或者说关节的活动范围可以用静力性的伸展运动来锻炼。在目前的研究中，对通过发展柔韧性来促进健康的观点支持甚少。但很多的运动医学专家仍然很青睐锻炼柔韧性，原因是在他们的从医经历中，柔韧性对修复创伤和治疗腰腿疼痛有一定的作用。

身体各个关节的柔韧性（关节的活动范围）是不相同的，这是因为肌肉、韧带和肌腱都可以影响各关节的延展度。柔韧性较好的人是因为环绕关节的这些组织较"松"，而柔韧性差的人是因为这些组织较"紧"，从而影响了关节的活动范围。

美国运动医学院建议用静力性的拉伸运动来锻炼柔韧性（拉伸到一个位置后便停止），每个动作保持10～30秒，每个关节重复3～5次，每周至少进行3次这样的锻炼。安全起见，也为了更有效率，在进行强有力的拉伸运动之前，一定要进行有氧活动来热身，其形式有慢跑、骑自行车、游泳等，目的都是使关节活动得更开，也更安全。

（四）运动指导

此处给出了为达到不同目的而采取的两组不同类型的运动指导。若需要同时发展心肺功能和提高健康水平，则运动强度应在50%～85%的VO_2max，每次运动20～60分钟，每周3～5次；若只需提高健康水平，则强度只需50%的VO_2max，每次30分钟或每日尽可能多地活动身体，且每周的活动次数越多越好。后者这种非正式的活动方式其实适用于绝大多数的成年人。

在20世纪上半叶，最明显的例子莫过于大多数健身专家都将肌肉力量训练作为健身的首选。20世纪70—80年代是有氧运动的高潮时期，在这一时期，有氧运动成为公众关注的热点，而运动的系统健身作用被忽略。

总而言之，运动帮助获得总体健康的途径是确保心脏、肺脏和全身的大肌群得到锻炼，同时使关节的柔韧性和身体的脂肪含量处于健康水平。我们可以通过有规律的中等强度运动来保持健康，也可以采取其他积极的锻炼方式来提高健康水平，增加机体的整体健康水平并降低心脏病、癌症等疾病发生的可能性。

第二节 运动对身体的影响

一次持续30～50分钟的有氧运动能使呼吸速率升高到静息状态时的3倍左右，进入肺中的空气量大约是静息状态的20倍以上，心率是静息状态的2～3倍，心脏的排出量升高4～6倍，工作肌的耗氧量比静息状态高10多倍。这些由运动引起的身体功能的突然、暂时的变化被称为对运动的急性反应，它们将在运动停止后不久消失。如果每天进行类似的有氧运动并且持续至少7周，那么身体的功能在静息状态和运动状态都会发生改变，静息心率（在静息状态下的心率）每分钟将减慢10～30次，并且由于心脏的泵血效率提高，不管在何种运动的负荷下，心率都会较慢。运动状态下的心脏每次能泵出较多的血量，同时，肺的呼吸量也会增加，结果是有更多的氧供应给肌肉，使它们能燃烧更多的能源物质，产生更多的能量（也就是提高新陈代谢），使 VO_2max 显著升高，肌肉本身将在储存、燃烧脂肪方面变得更有效。

随着有规律的运动训练，机体的结构和功能所发生的持续变化被称为对运动的慢性适应，这种变化使机体对运动的反应更灵敏，许多变化发生得更迅速。例如，在第 1～3 周的大强度有氧运动期间，可以测得 VO_2max、静息状态和运动状态下的心率及肺的呼吸功能都有显著的提高。有些人对有氧运动的适应期会持续一段时间，如肌肉内毛细血管数目的增加可以持续几个月甚至几年。

这种慢性变化的幅度取决于训练的量和强度，以及训练开始时的身体状况。例如，肥胖者和中年人由于缺乏锻炼，VO_2max 提高的潜力接近 100%，大学生的 VO_2max 则提升幅度较小（10%～20%）；进行中等强度步行的训练者，他们的心肺功能往往比跑步者的增强速度慢，且变化不大。

有趣的是，运动导致的身体功能的提高和丧失都很迅速。下面将阐述慢性和急性的适应，并将重点放在如何采取有规律的运动训练来避免适应的快速倒退上。

（一）心脏和血液对有氧运动适应性的影响

进行耐力性训练的个体和不进行耐力性训练的个体之间的最大区别就是心脏每次泵血的量。通过运动训练，训练者的心脏变得更大更强壮，静息心率变慢，而且在运动期间，较低的心率就可得到相同的输出血量。

由于训练者的心脏可以泵出更大的血量，运输更多的氧气给工作肌肉，所以他们能以较快的速度进行跑步、游泳和骑车等运动。

人体的心脏相当于拳头大小，静息状态时，心脏每分钟泵出大约5升的血液，流经人体内总长度大约96000千米的血管。普通成年人体内的血液大约有5升，所以几乎所有的血液每分钟都会通过心脏。大多数未经训练的人的静息心率是每分钟60～80次，每次泵出55～75毫升的血液。

心排血量（每分钟心脏泵出的血量）是心脏的搏动次数与每次泵出血量的乘积。一个人静息状态下的心率是70次/分，每次泵血最多70毫升，总的心排血量就是70次/分×70毫升/次=4900毫升/分钟。耐力性训练者最大的特点是心脏尺寸会增大。曾经，心脏的增大被认为对健康是有害的（被称为运动员心脏），经过研究验证，心脏增大是进行规律性的有氧运动训练之后产生的正常的有益的变化。

在运动过程中，心率的升高与运动的强度成正比。最大心率在力竭时可以测得，以220减去年龄可以粗略地得出某个个体的最大心率值。例如，一个40岁的人的最大心率约为180次/分（220-40=180）。

美国运动医学院建议，人们可以参加使心率在最大心率的60%～90%的运动来改善心肺系统。对一个40岁的人来说，最佳运动心率是108～162次/分，如果在运动结束阶段心率稍微高一些，则会产生更大的训练好处。在运动过程中测定运动对人体心率的影响，会发现随着训练的进行,心脏变大且变得更强壮,它能泵出更多的血液和氧,这意味着它能以较低的心率完成相同的工作。为了使心率保持在适当水平,运动训练者需要以更快的速度进行跑步、骑车、游泳等训练,以达到持续的训练效果。

训练者体内的血液总量也会增加,一般处于静息状态的人体内约有5升血液,而优秀运动员的血液接近6升,受过训练的人会在两者之间。

在运动过程中,随着体温升高,流经皮肤的血液开始增多,出汗量也开始增多。同时,血液给肌肉提供能源,使它们工作得更好。显而易见,拥有更多的血液就意味着运动员可以更好地将血液在肌肉和皮肤之间进行分配,从而提高运动成绩。

(二)遗传对有氧运动适应性的影响

据统计,不同的人的VO_2max存在差异,遗传性因素的影响要占25%~50%。即使通过长期训练来提高有氧适应的能力也要受到遗传因素的制约。遗传因素和运动习惯对于VO_2max都是非常重要的,但遗传因素为运动训练的可能性设定了一个基本范围。有氧运动的适应性或VO_2max在不同人身上是千差万别的,这里就有遗传因素的原因。例如,有些人能够参加奥林匹克运动会,而有些人虽辛苦训练却无法成为奥运会选手。

(三)性别对有氧运动适应性的影响

在对跑步和游泳项目中最优秀的男女运动员作比较后发现,女性的世界纪录成绩比男性的要慢 6%～13%。虽然社会和文化因素的限制依然存在，但多数专家认为在考虑男女性别在运动成绩中的差距时，有几个生物学因素是非常重要的。同样是优秀的运动员，与男性相比，女性的去脂体重（肌肉、骨骼和其他不含脂肪的组织）较小，体脂的百分比较大，身体力量较弱，心排血量较小，心率较高，血容量和血液中血红蛋白的含量较少，且 VO_2max 较低。

大约在青春期，男、女在身体的尺寸、组成成分和适应性方面就开始表现出很明显的区别。这些区别有：

（1）在各种激素尤其是睾酮的影响下，男性青春期的去脂体重比女性增加得多。到了成年期，一般女性的去脂体重只有男性的 2/3。女性的上肢力量比男性的弱 40%～60%，下肢力量比男性的弱 25%～30%。不过，有趣的是，如果肌肉的质量相同，那么两性之间的力量就没有差异。然而，力量与神经因素的关系要比肌肉尺寸更加密切。

（2）女性体内的雌激素使骨盆增宽，并刺激乳房的发育，使脂肪在大腿和骨部的沉积量加大。普通成年女性的体脂要比男性高 6%～10%（年轻的成年女性为 20%～25%，年轻的成年男性为 13%～16%）。

（3）在一定的运动负荷（60% VO_2max）下，普通的成年女性与男性相比，其心排血量较小而心率较高。女性较低的心排血量可能与她们心脏的血容量较少有关。这两者又是女性身体比较小巧的特点造成的。女性的血红蛋白含量也比男性的低，这就意味着，每单位血液中，供给工作肌的氧气较少。

（4）普通成年女性 VO_2max 一般比普通成年男性低，其差值通常在 20%-30% 左右。这种差异导致女性的运动水平相对较低。女性对有氧运动的反应与男性相似，但即使是优秀的女性耐力型运动员，其 VO_2max 也比优秀的男性运动员低 15%~30%。对此较为合理的解释是，即使女性运动员再适应有氧运动训练，其体脂含量也比男性运动员高，如果这种情况能改善的话，性别之间的 VO_2max 差异会降到 5%。

（四）年龄对有氧运动适应性的影响

越来越多的证据证实健康水平下降与年龄相关。这是因为随着年龄的增长，人们的运动量会减少。虽然在正常情况下，25 岁后的 VO_2max 每 10 年会下降 8%~10%，但如果年纪较大的人开始有规律地运动后，这种趋势可被延缓。在任何年龄段，经常参加运动的人普遍比很少参加运动的同龄人更加健康。但由于机体正处于衰老趋势，参与运动的老年人的健康水平当然比参与运动的年轻人低。他们的肌肉力量可以保持到 45 岁，但此后每 10 年就下降 5%~10%。老年人对举重训练的反应较好，这可以提高他们日常生活的能力。

许多老年学专家认为，有规律的身体运动是老年人保持健康的关键因素。在所有年龄组中，老年人从运动中获得的收益最大。美国的调查显示，在美国只有 1/3 的老年人从事规律性运动，这个数字少于任何其他年龄组的人。从美国疾病预防和控制中心获得的调查数据显示，在过去 10 年里，参加运动的老年人比例还在下降。

不管男性还是女性，其有氧运动适应性或 VO_2max 在 25 岁以后，每 10 年均会下降 8%～10%。不过在任何年龄阶段，人们只要从事剧烈的运动就会有较大的 VO_2max 提升。经研究证明，在 65～75 岁，运动的男性和女性会拥有与年轻但不运动的成年人相同的 VO_2max，并且能取得不可思议的成绩。

换句话说，衰老的过程是真实的，运动能力会随着年龄的增加而减退，且目前没有令人信服的数据显示，通过有规律的耐力性运动训练可以阻止与年龄相关的有氧适应性的下降。即使机体试图保持运动状态，但随着年龄的增加，较低的心率和心排血量，下降的肌肉分离氧气能力，都会导致 VO_2max 下降。

在任何年龄段，从事剧烈运动的运动员比不运动的同龄人的有氧运动适应性都要高，但由于衰老的因素，年龄大的运动员又比年轻运动员的适应性要低。研究已证明，对于所有跑步和游泳项目，男性的运动高峰期是在 20 多岁的时候（如短跑 23 岁，马拉松 28 岁），因此大学阶段正处于人生运动的高峰期，大学生如果在这个时期加强体育锻炼，必将受益终身。

此外，应该强调的是，多数研究表明，不训练的人即使到了 80 岁，也没有丧失对耐力性运动训练的适应能力。换句话说，一个人只要开始运动训练，不论在什么时候都不会晚。

（五）停训的反应

规律性的运动训练可以使心血管产生迅速的、明显的适应性反应，并引起肌肉力量和尺寸的变化。但停止训练后的几个星期，血容量和心排血量变小，会引起有氧适应性的显著下降。每周至少3次强度为70%VO$_2$max的运动可以避免这种下降，在4～12周无负重训练之后，肌肉的力量就会恢复到运动前的水平。

如果一个人想获得运动对心脏、肺脏和肌肉的好处，就必须坚持规律性的运动。当骨折的肢体被限制在一个坚硬的模子里时，肌肉的尺寸和力量便会迅速流失。在短短几天之内，当模子变松时就可以观察到肌肉尺寸缩小的情况。几周后，在模子和肌肉之间的一大片空间表明重要的肌肉正在发生萎缩或功能衰退的变化。

停止训练对于肌肉力量和尺寸的影响很大，停止举重训练4～12周，肌肉的力量就会下降到训练之前的水平，然而，每周1～2次的举重训练已被证明足以维持肌肉的力量。换句话说，一旦达到理想的肌肉力量，只需要很小的努力就可以维持它。

总的来说，心脏、肺脏和肌肉会对规律性的大强度运动产生积极的反应。虽然有氧运动的适应性受到遗传、性别、年龄的影响，但每个人都能达到一定的适应水平来完成个人的目标，还可以使日常生活中的运动变得更容易、也更有趣。

第三节 运动、营养的科学原则

不爱运动和想减肥的人通常吃得很少,从而导致营养方面不能完全满足身体的需要。生活在现代社会的人们都需要更多的运动,因为缺少运动的生活方式对健康是不利的。提高每日运动中的能耗有助于人们进一步补充营养和保持健康。

在美国,人们喜欢吃高能量的脂肪类食品,尤其是含饱和脂肪酸的动物类食品。与此同时,他们不常食用含有淀粉和纤维的植物类食品,如谷类、水果和蔬菜。

这样的饮食结构说明了为什么美国人的肥胖症、心脏病、高血压、脑卒中、糖尿病和各类癌症的发病率较高。

但同时还应该指出:由于维生素和矿物质的缺乏而导致的各种疾病在美国及其他发达国家很少发生,几乎很少有人死于坏血病(维生素C缺乏)、糙皮病(烟酸缺乏)或脚气病(维生素B_1缺乏)。

对于中国人来说,随着生活水平的提高,饮食结构也开始接近美国等发达国家。因此,不管是否积极地参加运动,科学的膳食比例对身体健康和预防疾病都是有益的。人体总能量的科学摄入比例:碳水化合物55%,脂肪30%,蛋白质15%。这种饮食比例对于以下人群是有益的:渴望维持健康的人群(每星期运动3~5天,每次20~30分钟的人)和几乎所有的运动员,包括单人、双人、团体项目和力量项目的运动员(举重、田径等）；而对耐力比赛的运动员（每天训练超过90分钟，如跑步、游泳和自行车等项目），饮食比例的适应性改变对他们也有好处，包括更高比例的碳水化合物、更低的脂肪和更多的水。

一、饮食多样化（食宜杂）

人体总共需要40多种不同的营养素，可归结为6类：蛋白质、碳水化合物、脂肪、维生素、矿物质和水。这些都是保持健康的必需营养素，这些营养素应来自不同的食物，而不是一些含有高添加剂的食品或补剂。任何单一食物都不能提供人体需要的所有的营养素。食用含有营养素添加剂的食品过多，会对身体造成损害，因为这些物质会导致身体中毒或干扰身体对其他营养素的吸收。一些人试图食用营养素添加剂以弥补他们不良的饮食结构，但事实是人体必需的一些物质并不能用药片或胶囊来替代，大多数人并不需要使用此类添加剂来保持健康。

饮食多样化是一个最重要的营养原则。所有人都应该努力使自己的饮食习惯与推荐的"食物金字塔"相一致。谷类和各种谷类制品应成为每顿饮食的基本食物，还应搭配丰富的蔬菜、水果、低脂肪的奶类和肉类制品。

二、平衡膳食并参加体育锻炼

在美国，肥胖是普遍的现象（33%的成年人和20%的青少年），与此相关的是高血压、心脏病、脑卒中、糖尿病、某些癌症、关节炎和其他类型的疾病的发病率呈上升趋势。中国国内的肥胖症发病率也呈逐年上升的趋势。维持健康的体重可以通过运动，也可以通过食用各类低热量和低脂肪的食物来达到，这类食物包括水果、蔬菜、全谷类、脱脂奶制品、烤鱼和家禽肉等。

现在，中国国民人均摄入的热量比20年前提高了很多，而且很多成年人没有有规律地参加体育锻炼。实际上，有的成年人根本就不参加体育运动。那么，肥胖现象越来越普遍的原因就很明显了——因为摄入的热量大大超过了消耗的热量。

应该指出的是，国外把体育锻炼作为饮食指导的重要组成部分，如1990年美国农业部指导方针的"保持健康的体重"，在1995年变为"平衡饮食和体育锻炼，保持或降低体重"。

三、饮食中应含有大量谷类制品、蔬菜和水果

在饮食指导的大纲中，每餐都应该食用比较多的谷类食品以及大量的蔬菜和水果。谷类（面、米、玉米、谷类食品）应该是大多数人进餐时的主食，随着谷类产品、水果、蔬菜、碳水化合物和纤维素摄入量的增加，脂肪和胆固醇的摄入量就会下降。

纤维素摄入的增加已经被证明与结肠癌发病率的下降有关，并且有助于糖尿病患者控制血糖水平。另外，蔬菜、水果和全谷类食物摄入量高的人，他们的心脏病和癌症的发病率也比很少吃这类食物的人要低。

大多数专家建议，至少55%的热量应来自碳水化合物。对于一天摄

入 2000 卡热量的人来说，应至少有 1100 卡或 275g 的热量来自碳水化合物。一般成年男性消耗的热量约 50%~65% 来自碳水化合物，女性约 45%~60%。

四、选择低脂、低饱和脂肪酸和低胆固醇的饮食

在大多数食品中，动物制品里的脂肪（奶制品和肉类）是饱和脂肪酸的主要来源，熟油（棕榈油）和氢化油（人造奶油）也能提供少量的饱和脂肪酸，这些富含饱和脂肪酸的食物通常也富含胆固醇。

成年人每天胆固醇的吸收量应低于 300 毫克。在所有食物中，动物类食品是胆固醇的主要来源，其中蛋黄是较丰富的原料之一，每个蛋黄含有约 220 毫克的胆固醇。总之，建议大家选择低脂肪或脱脂的奶制品，食用瘦肉并且选择低脂食物。

五、选择含糖量适中的饮食

糖和许多含糖食品（如软饮料和甜点心）的热量很高但营养价值有限，糖还会使牙齿受到损害，绝大多数的健康者应该适度控制糖的摄入，即使热能需要量低的人也应该注意这个问题。不过应该指出的是，糖的摄入量还没有被证明与心脏病、癌症或糖尿病的发病率升高有必然的联系。

六、选择含盐适量的饮食

每克食盐含有 40% 的钠，一汤匙的食盐中含有约 2000 毫克的钠。许

多健康专家建议，每天食用少于 1500 毫克的钠（少于一个半汤匙）就可以降低高血压的发病率。但是大多数人摄入的钠较多，平均每天钠的摄入量是 3000～5000 毫克，大大超过了身体的需要量。含钠丰富的食物是盐、味精、酱油、番茄酱等调味品，虾、海藻等海产品和经过烹调腌制的肉类产品，等等。

七、控制酒精类饮料的摄入量

酒精类饮料热量高，但其中的营养素含量很少，甚至没有。饮用它们对健康无益，容易诱发许多健康问题，还可能导致酒精成瘾。虽然有研究显示，适度地饮用葡萄酒可以降低冠心病的发病率，但科学家又证明某些癌症发病率的升高与饮酒有密切关系。

如果成年人饮用含酒精的饮料，应该注意适量。对男性来讲，一天最好不超过 2 次，女性不超过 1 次。一次的饮酒量相当于普通啤酒 781 毫升、白酒 62.5 毫升或红酒 240 毫升，以上的每一种饮料中都含有约 15 毫升的纯乙醇。

第四节 睡眠与健康

有些人，无论吃得多或少，睡眠总是惬意的，但也有一些人总是无法入睡。许多热衷于健身运动的人都认为，有规律的运动有助于提高睡眠质量，改善身体健康状况。

一、睡眠紊乱

医学教材将睡眠定义为"一种自然的、周期性的、可逆的生理状态"。换句话说，它不是昏迷，昏迷是"一种最为严重的意识障碍，表现为意识完全丧失，不能被唤醒，无自主睁眼、自发语言及有目的的活动"。失眠的特征包括：

（1）难以入睡。

（2）经常在夜间醒来，且难以再入睡。

（3）早晨醒得过早，并且不能使精力恢复。

睡眠问题已经成为现代社会普遍存在的问题，它严重地影响了我们的体力和精神，许多人为了更好地适应白天的工作和生活，不得不想尽办法来改善晚上的睡眠。

但是，即使是想尽办法改善睡眠的人，也可能因为白天各种压力引起的大脑混乱，无法获得高质量睡眠。患慢性失眠症的病人，注意力和记忆力下降，导致白天很难正常学习和工作，并且不能与其他人融洽相处、合作共事。低质量睡眠还会导致人体疲劳，人为的出错率和事故发生率都会大大提高。

睡眠的持续时间与寿命也有关系。在一项规模较大的对100万美国人的研究中，对于年龄在45岁以上的人而言，睡眠时间持续每晚超过10小时或少于5小时者，其死亡率比每晚睡7小时者要高。

二、改善睡眠

在夜生活和娱乐生活日益丰富的现代社会，能够在晚上睡一个好觉对许多人来说已经很困难了。国际精神卫生和神经科学基金会将每年的3月21日定为世界睡眠日。

睡眠的8条原则：

（1）睡眠要有规律。这个早晨起得晚，下个早晨起得早将导致"家庭式的生理节奏破坏现象"。为了保持体内生物钟的正常，有规律的作息时间表是"保证睡眠的最好方法"。

（2）减少刺激因素。如果睡前6~8小时摄入含有咖啡因的物质（咖啡、软饮料、药等），就会导致难以入睡，深度睡眠减少，并且睡眠质量不高。

（3）睡觉的床要舒适。如果睡觉的床太小、太软、太硬或太冷，就很难睡熟，也很难睡得放松。

（4）睡前不要吸烟。尼古丁是比咖啡因还强的刺激剂，睡前大量吸烟会减少快波睡眠和慢波睡眠的时间，使人难以入睡，即使睡着也容易醒。

（5）饮酒适度。酒精在晚上能抑制快波睡眠和慢波睡眠，而且能加速睡眠各阶段之间的转变。

（6）睡前抛开一切焦虑或晚上提前做好计划。在睡觉之前，解决了焦虑、担心或有待解决的问题，睡眠才会有所改善。

（7）睡前不宜太饱或饥饿。晚上吃得太多会使消化系统工作时间延长，导致夜间辗转反侧，不易睡好；睡前如果过于饥饿也会影响睡眠质量。

（8）参加有规律的运动。运动可以消除白天积累的紧张心情，使身体和思想放松，从而促进睡眠。适度运动有助于改善和加深睡眠。每星期至少参加3天快走、慢走、游泳或者骑自行车等运动，每次20～30分钟，但运动时间不宜太晚。在晚上，应该放松自己使身体平静下来，而不是剧烈运动。理想的运动时间是在下午或者清晨，运动能使白天的工作压力转化成晚上的放松状态。

第五节　体重与健康

体育锻炼对预防肥胖有非常明显的效果，但在治疗肥胖症上功效不大。

一、流行病学研究

美国政府2000年制定的目标是要将成年人的肥胖发生率降低到20%以下。但是，事实似乎朝着相反的方向发展。20世纪60年代以后，收集的数据显示，美国社会各个阶层的肥胖发生率都在显著增加。一些国际性跨文化背景的比较研究显示，美国是世界上肥胖人口最多的国家。在我国，肥胖人群也在日益增加，我国传统文化认为胖一些是"福相""富态"，小孩胖一些是"健康，营养好"，再加上近些年物质生活水平的提高和饮食结构的变化，肥胖人群大大增加。

二、肥胖对健康的危害

肥胖与健康密切相关。很多健康专家都认为肥胖是当今社会最为重要的医疗问题和社会问题。

至少有8个主要的健康问题和肥胖有关：

（1）心理负担。肥胖者往往承受着巨大的社会压力，经常受到内疚、抑郁、焦虑和自卑等情绪的困扰。

（2）增加骨质疏松的发病率。肥胖者的膝部和髋部骨质疏松的发病率都很高。

（3）高血压。在肥胖者中，高血压非常普遍，并且随着体重的增加高血压的发病率也随之增加。

（4）提高胆固醇和血脂的水平。肥胖者体内血液中的胆固醇、甘油三酯、低密度脂蛋白的含量比正常人更高。

（5）糖尿病。肥胖者糖尿病的发病率是正常人的3倍。

（6）心脏疾病。肥胖者比正常人更易患心脏病，并且因此而死亡的比例也很高。

（7）癌症。肥胖者的癌症死亡率比正常人要高得多。

（8）减少寿命。很多研究者指出，肥胖者比正常人更容易过早死亡。

三、肥胖的原因

大部分专家认为，肥胖与以下三个因素有密切关系。

（一）遗传因素

25%以上的肥胖可用遗传因素来解释。有研究显示，当一对双胞胎分别由两个家庭抚养成人后，他们的体重要比其他的非血缘兄弟姐妹更接近。早在1岁前就被人抚养的小孩，在他们成人后都出现了肥胖症状，尽管不是由他们的亲生父母抚养成人，但体重和他们的生身父母一方极为相似。总而言之，这些研究表明，由于遗传因素，一些人可能比其他人更有可能肥胖。

（二）高热量、高脂肪饮食

完全有理由相信，大量食用高热量、高脂肪的食物是导致现代人肥胖问题的主要因素。很多研究者发现，脂肪摄入量过高会使大部分人很快发胖。如果脂肪摄入量较少，大部分热量以碳水化合物的形式摄入，便更容易获得理想的体重。

（三）较少的能量消耗

人们通过三种方法消耗热量。每天大约2/3的能量用于静息状态的新陈代谢，23%用于身体运动，10%用于消化食物。青少年时期由于生长发育的需要，新陈代谢消耗的能量较多，到了中年，新陈代谢缓慢，消耗能量就少了很多，这也是我们常说的"年轻的时候怎么也吃不胖"和"中年发福"的原因。

四、肥胖的治疗

减轻体重并使体重不反弹,一直以来被认为是最具挑战性的课题。根据治疗肥胖症的专家们的报告,很多过度肥胖的病人根本无法治愈。要么达不到他们理想的体重,要么体重减轻一段时间后又反弹回来。

几乎没有科学研究证实目前大部分的减肥方法是确实有效和安全的。研究表明,减肥者根据减肥计划在短期内能成功地减轻体重,但是当这些减肥者完成减肥计划以后,又会出现体重反弹的现象。一项为期4年的研究对152名成年男性和女性实施了15周的减肥计划(饮食调整、体育锻炼、行为调整等)。在4年的跟踪研究中发现,只有不到3%的受试者能够保持15周减肥计划后的体重。另一项同类课题的研究显示,在5年后,只有5%的受试者能完全保持减肥后的体重,18%的人能保持减去超过11磅的体重。专家们认为,肥胖更多的时候被认为是一种长期性疾病,与心脏病和风湿病一样,但是治疗的时候会把它当作急性疾病治疗,就像治疗流感。既然减肥的终极目标是减轻体重并使体重不反弹,那么均衡营养和低热量的饮食对一个肥胖病人来说是最合适的。要长期控制体重,实施综合的减轻体重的计划,就必须进行饮食调整、体育锻炼和行为调整。

根据大部分体重控制专家的看法,治疗肥胖的手段应该包括以下三点。

（一）饮食调整

减少热量的摄入就是减少脂肪的摄入，同时增加碳水化合物、纤维素（如各类谷物、水果和蔬菜等）的摄入。

（二）体育锻炼

加强体育锻炼，通过体育锻炼来消耗身体热量。

（三）行为调整

行为调整可采用如下方法：

（1）自我控制。注意饮食结构，控制饮食数量并注意饮食环境。

（2）行为控制。控制自己不要在会引起过度饮食的环境中吃饭。比如，避免吃饭时读书和看电视，或者在心情郁闷时吃饭。

（3）方法控制。典型的调整方法，如放慢吃饭的速度、在咀嚼食物时将餐具放下、在固定的时间和地点吃饭等。

（四）激励机制

奖励会更容易使人进步。在达到控制体重的既定目标后，可以通过送礼物、旅行或其他形式的奖励来对体重控制者加以激励。

第六节　运动与心理健康

一、体育与自尊自信的培养

自尊是一个人发展和前进的潜在动力，是一种高尚纯洁的心理品质。自信是一个人心理健康的基础，是良好心理素质的核心，也是走向成功的必由之路。大学生不仅可以在体育活动中认识自我、接纳自我，还能通过体育运动有效地培养和展现自己的自尊与自信。

（一）自尊和自信

1. 自尊

自尊是自我尊重和自我爱护，还包含要求他人、集体和社会对自己尊重的期望心理。在日常学习、生活和体育活动中，对自己的运动能力、身体外貌以及健康水平等身体状况的满意程度也是自尊的一方面。大学阶段仍然是学生身体发育的增长期，可塑性较大，多参加体育锻炼有利于保持良好的身心状况。此外，在树立自尊的同时，同学之间的相互尊重也是形成健康心理的重要环节。

2. 自信

自信是一种反映个体对自己是否有能力或能否成功地完成某项活动的信任程度的心理特性。一个人有自信，他就会满怀热情地投入行动中，在遇到困难时，不会被困难和挫折压倒。自信是一个人成功的基础。

3. 自信与自卑和自负

自信的反面是自卑，而超过自己实际能力的虚假自信是自负，理解了什么是自卑和自负，才会全面领悟自信的含义。

（二）在体育活动中展现和培养自尊自信

一个人的自信心是在克服困难、体验成功中产生的。体育锻炼是培养和发展自信的重要手段，在锻炼中不断克服困难、挑战自我可以增强自信、展现自我。

1. 展现自我

体育活动多种多样，参加体育活动要有明确的锻炼目标，看到自己的长处且不断提高。在群体活动中，要与同伴积极配合，努力展现自我。

2. 自我激励

首先，要经常鼓励和肯定自己。通过回忆自己经历的荣耀和自豪的事情，肯定自己的能力，鼓励自己"过去行，现在更行""别的事情能处理好，这个事情也能处理好"。其次，当面对有难度的活动项目或受到挫折时，要敢于面对困难，从那些战胜困难和挫折的成功者身上找到自己前进的方向。在困难面前，应运用积极、肯定的自我暗示为自己打气，如"我可以""我行""成功一定属于我"等，以增强自信，克服困难。

3. 量力而行

列一张清单，将自己没有达到的体育目标写下来，然后把目标从易至难依次排列。从最容易实现的目标开始练习，通过不断练习增强信心，先实现第一个目标，再通过练习实现下一个目标，直至实现全部目标。

4. 相互鼓励

在体育活动中，同学间要相互鼓励、愉快接纳，这将有助于我们从"同伴关系"中发展自尊、自信，也使我们学会尊重他人。

5. 发展专长

增强自信心的一种方法是选择一种你喜欢做、做得好、自己欣赏、同伴也赞赏的体育活动，并有计划地发展它。当你的专长得到同伴欣赏的时候，自我价值感油然而生，随之而来的就是自信心的增强。

二、体育与情绪的调控

情绪无时无刻不在伴随和影响着我们。良好的情绪会激励我们积极向上、生活愉快、学习进步，不良的情绪会减少快乐，干扰我们正常的学习和生活，甚至会损害身体健康。如果你能够主动地运用体育手段及时调控不良情绪，就可以把不良情绪的危害减少到最低限度，把积极情绪调节到最佳状态，进而体验到更多的幸福和快乐，更好地服务社会、享受生活，促进身心健康发展。

情绪的好与坏直接影响着人的身体健康、认知发展、个性发展以及人际关系。积极的情绪有利于机体的正常活动，使人思维敏捷，有利于营造良好的人际关系和形成健康的人格；不良的情绪会引起机体功能障碍，使人思维僵化，易形成不良行为，导致人际关系不和谐等。

三、体育与意志品质的培养

1. 通过参加运动负荷较大、具有挑战性的体育项目，锤炼抗挫折能力，锻炼意志品质的坚韧性

意志的坚韧性是在与困难作斗争的过程中表现出来的。只有在困难面前付出最大的努力，才能达到锻炼意志的最佳效果。参加运动负荷和难度较大的、持久性的体育活动（如长跑、长距离游泳等）可以使我们学会克服困难的本领，形成坚韧不拔、敢于拼搏的意志品质。

2. 通过球类运动或其他体育比赛，锻炼果断的作风

体育比赛的特点之一是竞争性。为了在比赛中取胜，必须全力以赴，最大限度地发挥自己或团队的水平和潜能，奋勇拼搏。篮球比赛中，队员的投篮不仅是对体育运动能力的检验，也是对队员果断性的考验。因为比赛场上的形势瞬息万变，需要默契配合，这就需要队员们具有迅速果断地做出决策的能力。在两队比赛时，队员要根据场上的具体情况及时地运球、传球，组织进攻并阻止对方的进攻，任何犹豫不决都可能造成失误。因此，经常参加体育比赛可以让自己变得更加果断。

3. 在参与体育比赛和游戏时，自觉遵守规则，学会自制

任何参与者都应该遵守体育比赛和游戏的规则。这既是个人或本队良好作风的体现，也是尊重对方、尊重裁判，使比赛顺利进行的保障。

通过积极地参与体育活动、体育比赛和游戏并自觉地遵守规则，约束和规范自己的行为，锻炼自制力。

4.通过参加对抗、跨越障碍等有一定难度的体育项目，学会勇敢

对抗性项目有摔跤、武术对练、球类运动等。其中，球类运动是大学生普遍喜欢的对抗练习项目。例如，在足球比赛中，争头球的时候，不仅要求队员具有良好的爆发力、准确的判断力，还要有敢于拼抢、锻炼自己的勇敢精神。

另外，通过参加腾空、跨越障碍的体育活动，如跳高、跨栏、体操等，可以克服恐惧心理，培养无所畏惧地完成任务的决心和信心，变得更加勇敢。

四、运动如何促进心理健康

体育运动锻炼是怎样促进心理健康的？

至少有6种不同的理论可以解释两者的相互关系，成就感和自信心的提高、社会因素的作用、释放生活压力、改变脑部结构和化学物质、提高体内镇静物质水平都可以产生良好的情绪。以上因素均可证明规律性运动可以提高心理健康水平。

1.自我成就感

当人们开始坚持进行有规律的运动时（虽然许多人认为有困难），会随之产生成就感和自信心，换句话说，就形成了一种"我能做它"的态度。

2.社会因素的相互影响

运动通常是与其他人一起进行的，在运动中可以产生友谊，发生有趣

的事并会引起其他人的注意，研究人员觉得这些社会性的因素将有利于提高心理健康水平。

3. 分散注意力

这个论点是指运动会使人从日常的生活压力中脱离出来，从而改善人的情绪状态。

4. 提高大脑的健康水平

有人认为有氧练习可以提高脑部血流和氧气的输送速度，提高心理健康水平。动物研究表明，有规律的运动可导致脑部结构发生持久性的变化，包括产生额外的血管分支和神经末梢，而且运动训练可以明显地改变脑电波的活动，但是要想搞清楚运动影响大脑的具体机理还需要大量的研究。

5. 改变脑部的化学物质

脑部分泌多种化学物质或神经介质，包括血清素、多巴胺和去甲肾上腺素等。研究人员已经证明这些物质的失调与抑郁症及其他的心理障碍有关。运动可以通过维持脑内这些物质的正常水平来预防和治疗抑郁症。

6. 增加体内的镇静物质

在剧烈的运动中，脑垂体分泌内啡肽的能力提高。

科研人员在对人体进行实验研究后，认为以上这些因素在某种程度上都可以改善心理健康状况，虽然对于运动怎样提高心理健康水平的机理还不清楚，但专家们一致认为，参加有规律的体育运动对心理健康水平的提高是大有好处的。

第七节 运动与社会适应能力

体育运动能增加人与人之间接触和交往的机会。与他人的交往可以使个体忘却烦恼和痛苦，消除孤独感。通过参与学校、家庭、社会中的各种群众性体育活动，可以得到群体认同，从而在安全、友谊、爱情、亲情、支持、理解、尊重等方面得到应有的满足。

一、体育运动培养正确的社会价值观

尽管因时代、制度不同，社会价值观的价值取向不统一，但都离不开对和平、自由、平等、自尊、幸福、才智、成就、友谊等具体价值内容所持的态度和行为。体育锻炼因其宗旨、方式、结果都对价值观涵盖的内容具有积极的影响作用，所以，它可以培养、塑造人们适应当今社会的正确价值观。

二、体育运动培养和谐的人际关系

在现实生活中，人们需要通过各种交往方式相互表达情感和传递信息。社会学的研究表明，影响人际关系的主要因素有沟通能力，对身体、语言的理解和使用能力，自我控制水平和迁移能力，等等。根据体育锻炼活动性质的动态性、追求目标的共同性及表现方式的群聚性等特点，体育在把握影响人际关系的因素、促成良好人际关系的形成等方面，都具有十分重要的价值。实践证明，体育运动的最佳方式是置个体于社会群体之中。这种由共同运动欲望和追求目标维系的交往方式，既有利于身体运动的非语言接触和语言激励间的互动，也完全符合现代交往的基本要求，因此其成为改善个性人群相互关系的纽带。在人际交往方面，大多数的体育锻炼者都希望与志同道合的同伴一起合作，通过身体练习或交流健身经验，或进行一场体育友谊赛，进行同伴之间或对手之间的感情沟通，达到相互了解和增进友谊的目的。在国际交往中，体育竞赛活动可以促进各地区、各国之间的友好往来，增进友谊，加深了解，加强团结，在某种意义上促进世界和平。20世纪70年代初，我国就曾利用体育交流的方式展开全球性的"乒乓外交"，打开关闭多年的中美友好往来的大门，促进了中美两国人民的相互了解，加深了两国之间的互相信任，从而被众多媒体称为"小球（乒乓球）转动了大球（地球）"。在某种意义上，体育运动为世界和平作出了贡献。

三、体育运动培养自立精神和善于寻求社会支持的能力

确定体育目标并为实现这一目标而努力的过程有助于培养运动者积极的人生态度，使他们具有更强的独立性和自理能力。在社会中，任何人都会遇到困难，是否具有为解决困难而寻求社会支持的能力是社会适应性强弱的表现。体育锻炼作为一种个体行为，要想使它达到规范化要求，除了需要加强与同伴之间的合作外，还必须提高主动获取体育与健康知识以及自我评价体育锻炼效果的能力。比如，在体育锻炼的实施过程中，

我们不能事事依赖于课堂体育教育，要设法求助报刊、书籍、电视或互联网等大众传媒，通过查阅与检索资料或从多媒体渠道直接获取信息，从中受益。学会用科学的方法指导自己的体育实践，从而加强体育锻炼与社会生活之间的联系。这种社会求助能力一旦在体育锻炼中得到提高，还可以通过迁移作用间接影响人们的其他日常生活与工作。这不仅可以加强体育锻炼的社会适应性，还可加速个体的社会化进程。

四、体育运动培养良好的道德情操和规范行为

21世纪是人类精神发展的新纪元。为了适应更富人文精神的大科学时代对人格教育的要求，体育锻炼不仅要重视知识获取与促进健康的实效，还要关注人的个性发展与健康人格培养等非智力因素，并按照陶冶道德情操的要求，体会集体活动与个人活动的区别，强调促进健康与品德修养之间的关系，使体育锻炼既促进人的生长发育，又加强人的道德修养。体育运动中有各种明确而详细的行为规范，如奥林匹克精神和原则、体育道德规范、比赛规则、竞赛规程等，这些规范是体育运动得以开展的必要条件。培养学生遵守规范是他们进入社会前的必修课，这一学习过程可以视为对社会法规和伦理道德的模拟学习过程，有助于学生理解遵守社会规范的意义和重要性。

五、体育运动培养适应社会的参与意识

体育锻炼具有强身健体、娱乐消遣的功能，并且形式多样，内容丰富

多彩，又不受太多条件的限制，不仅是人类提高生活质量的需要，也完全符合现代社会的生活理念。于是，不分肤色、贫富、种族、信仰、年龄和性别等，几乎人人都乐于参与体育锻炼。这表明，体育锻炼以它鲜明的公众效益和自由参与原则为每个人提供了平等参与的机会。

实践证明，经常积极地参与社区体育活动，使自己逐渐成为社会体育组织的一员，不仅可以为他人提供帮助，还可以通过相互间的经验交流获得公众的指导，乃至从精神上得到必要的鼓励。这样的参与意识能使体育锻炼产生积极的社会效益，使参与者通过参与体育锻炼扩大自己的生活领域，并达到促进个体社会化的目的。

六、体育运动培养适应不同社会角色的观念

不同的社会角色区分了社会行业和每个社会成员的职业，不同社会角色成员的组合构成了五彩缤纷的社会。一个人要符合社会的要求，取得社会成员的资格，就必须学会接受适当的社会角色，而各种体育活动都要求参与者有一定的分工与协作，这就培养了每位参与者适应社会需要的角色观念。学生在运动场上有机会体验不同的角色和"做什么、怎么做"的不同分工，从而认识到人的主观努力是可以改变社会地位的，这为他们走向社会打下基础。体育运动本身蕴含的协作因素、团队精神和群体性可以促使锻炼者按照协调配合与角色互补原则，妥善处理同伴与同伴之间、同伴与对手之间的关系；通过培养适应社会需要的角色观念，潜移默化地学会在社会中适应自己的社会角色。

七、体育锻炼培养适应社会发展的生活方式

当前,由高科技开创的文明与繁荣使人们的生活水平有了极大的提高。与此同时,尽管空闲时间不断增多,但由于劳动性质改变、生活节奏加快与人际关系复杂等因素,现代文明病多有发生。基于这种现状,为了防止体力衰退,学会生存,提高生活质量,人们亟待选择文明、和谐、健康、活泼的活动方式去善度余暇。人们在对各种活动方式进行认真比较之后,更寄希望于丰富多彩的体育锻炼,并把它作为现代生活方式的一项重要内容和明智选择。体育锻炼的动态性、趣味性、娱乐性、保健性与休闲性不仅可以通过人的肢体活动,使高度疲劳的神经系统得到休息,还可以调节身心平衡、丰富生活内容、提高健康水平。面对现代生活节奏的加快,为了解决身体和精神对快节奏生活的不适应问题,人们通过体育锻炼掌握运动技能,并以这种快速、敏捷的活动方式提高人体对快节奏生产、生活的应变与耐受能力;为了消除精神对社会的不适应,人们通过户外运动拓宽生活领域,并以这种回归自然本原的活动方式克服对快节奏生活的抵触、恐惧、烦怨和焦虑等心理障碍。正是由于体育锻炼的这种特性,它能够预防与消除许多精神和肉体的不适,构建适应生存竞争和享受生活乐趣的新的生活方式。

第二章　体育运动的价值作用

随着科学技术的高速发展，社会经济的突飞猛进和人民生活水平的不断提高，人们征服自然和改造自然的能力达到了相当高的水准。当然，生产力的提高、物质生产的丰富在给人们的生活带来便利的同时，也使人们付出了较为沉重的代价。截至2024年3月末，我国社会养老保险覆盖10.7亿多人[①]，截至2023年年底，基本医疗保险参保人数达13.3389万人[②]，2022年人均预期寿命达到77.3岁[③]。尽管人们的平均寿命都有延长，然而环境污染，人们生存条件的不断恶化，各种营养素的盲目摄入和传统的饮食文化造成了人体内部新陈代谢的紊乱；先进交通工具的普及使人们以车代步导致体育运动不足，机械化、电气化、信息文明又造成了人类生物结构和人体功能的退化；工作节奏快、生活压力大，社会竞争日益激烈等因素不仅导致多种心理障碍与疾患，更重要的是老年人的疾病，如高血压、高血脂等也出现在年轻人身上，使年轻人常常处于亚健康或不健康状态。

健康是进行一切生产、生活活动的重要基础和保障，而体育锻炼是获

---

① 2024年5月新华社发表文章《覆盖10.7亿人！我国建成世界最大养老保险体系》。
② 国家医疗保障局发布《2023年全国医疗保障事业发展统计公报》。
③ 2022年4月7日，国家卫生健康委就中国开展爱国卫生运动、建设健康城市做法和成效举行新闻发布会。

取健康的最佳途径。健康的生活方式不仅有利于预防各种疾病，还有利于提高人们的健康水平，提高生活质量。学校体育是一种有计划、有组织、有系统的文化教育活动，它以身体练习为主要手段，使学生获得健康观念、建立健康行为、享有健康并为终身享有健康奠定基础。

第一节 体育运动对大学生的生理健康的作用

一、体育锻炼与身体发育

我们可以将人体生命的全部过程大致分为三个时期，即儿童少年时期、青少年时期和中老年时期。不同时期的生长发育速度是不同的，而且每个人在生长发育的不同时期，其发育的速度也是不相同的。虽然总的发育规律不可以改变，但是变化的速度是可以控制的。

（一）身高增加

有研究表明，经常参加体育锻炼的青少年，其身高要高于不经常锻炼的青少年。青少年时期是人体生长发育的最佳时期，也是人的体型、体力和健康奠定的关键时期。此时，后天因素对身体的影响比任何时期都大。调查发现，经常参加合适的、科学的体育锻炼对身高、体重、围度、身体机能和素质等指标的可塑程度可以达到50%～70%。

（二）体重控制

现代社会的物质条件改善让肥胖问题变得越来越严重，使其成为对人类健康的一个重大威胁。体育锻炼是控制体重的重要措施之一,可以使身体成分发生明显改变,改变程度根据训练强度和时间而变化,控制体重是女学生感兴趣的话题之一。体重除了受先天遗传的影响外,还会受到新陈代谢的影响。如果人体吸收的能量(物质)大于消耗的能量(物质),体重就会增加;反之体重就会下降。而体育锻炼可以有效地消耗体内脂肪,避免皮下脂肪过多,从而改变体型,使得身材更为匀称。

(三)促进骨骼发育

坚持科学的、合理的体育锻炼可以较好地促进人体血液循环与新陈代谢,并且可以确保有充足的营养物质提供给骨骼,从而加快骨细胞的生长发育,使骨密质增厚,使骨小梁的排列根据压力和拉力的不同变得更加整齐、规律,骨表面的突起更加明显和粗糙,更有利于肌肉和韧带牢固地附在骨骼面上。科学研究和实践都表明:坚持体育锻炼的人的骨骼要比一般人粗壮、坚固和稳定,骨的抗折、抗弯、抗压和抗扭曲性都比较强,对骨的承受能力和生长发育都有较好的作用。

(四)促进肌肉、关节和韧带发育

科学研究表明,坚持体育锻炼的人的肌肉重量要比一般人重10%~15%,因而肌肉丰满、结实、有力、匀称、协调和有弹性。体育锻炼增强了关节周围肌肉与韧带的收缩性和弹性,也使得关节囊增厚,关节摩擦增加,所以关节活动得更加灵活、敏捷。因此,骨骼、肌肉、关节对良好身体形态的形成起着至关重要的作用。

二、体育锻炼与身体机能

（一）可以改善和提高心脏、血管的功能

科学的体育锻炼对于人体心血管的结构和机能均可产生不同程度的良好作用。在锻炼过程中，肌肉的紧张活动会使心脏的工作量适当增加，心脏毛细血管开放增多，心肌的血液供应和新陈代谢增强，从而增加了心肌中蛋白质和糖原的储备；心肌纤维变粗、心肌增厚、心肌收缩力增大，心脏容量增加使得心脏每搏输入量和每分输出量增加。

（二）可以改善和提高神经系统的功能

神经系统是体育锻炼过程中的最高"司令部"，人的运动是神经系统特有的反射活动，是可以与返回的信息形成回路的一种神经联系。人体解剖学和生理学告诉我们，人体在锻炼过程中，信息由感受器传入，通过神经中枢的反馈再从感受器返回大脑进行改进。这种反馈促进动作技能的形成，使动作变得更加协调、准确，神经系统经常重复这个过程能够改善其平衡性、灵活性和持久性，达到抗疲劳、协调平衡的效果，同时提高大脑的分析、综合和判断能力。因此，练习对神经系统要求高的项目将极大地提高神经系统的功能。

人脑的重量虽然只占全身体重的1/50，但其耗氧量占全身耗氧量的1/4。坚持体育锻炼可以使大脑对氧的利用率从10%增加到30%，保证大脑拥有充足的氧气，将营养物质提供给神经系统，从而促进脑细胞的生

长发育，使大脑皮层增厚，整个大脑的重量增加，体表面增大。

（三）可以改善和提高消化系统的功能

1. 促进消化系统的功能更加完善

经常参加体育锻炼的人，其能量的消耗比不参加体育锻炼的人要多，新陈代谢也更加旺盛。根据生理学可知，机体要通过消化系统来吸取养分，从而为运动提供必需的动力。因此，需要加强消化器官一定的功能，以便更好地吸取养分进而满足机体的需要。经常适量地进行中、小量的体育运动能让消化系统功能更趋完善。有研究表明，经常参加体育锻炼能够对食物中的营养吸收得较好，不易使身体热量过剩而发胖。体育锻炼能够增强腹肌、强化消化道的平滑肌，使腹腔内的消化器官保持正常的位置，能够有效预防内脏下垂和便秘。

2. 减少消化系统疾病

我们知道，消化和吸收是中枢神经通过交感神经和副交感神经起作用的。"思伤脾""气伤肝"是我国医学对精神因素与脏、腑关系的经典总结。任何痛苦、悲伤、忧郁和焦虑等情绪都会使胃、脾功能下降，如消化不良、慢性胃炎、胃下垂、便秘和胃溃疡等肠胃疾病，而人们情绪的改变与中枢神经系统的活动具有直接关系，并且会涉及全身各重要器官的功能。科学证明，经常参加体育锻炼能使人激情四射、精神振奋，浑身充满生命活力。体育锻炼可以使人忘却悲伤、抑制忧虑和急躁情绪，体育对神经系统的良好刺激作用能让大脑皮层形成的病理兴奋灶得到某种控制。

运动会导致交感神经兴奋，消化液分泌不断减少，因此，在饭前（饭后）半小时内不宜进行剧烈运动；另外，饭前也不宜大量喝水，饭后和运动后切勿多吃冷食。

（四）可以改善和提高呼吸系统的功能

1. 对肺的影响

人的两肺是由平均直径 0.2 毫米的肺泡组成的。这些肺泡被无数的肺泡管串联，犹如一串串葡萄，每一个"葡萄粒"就是一个肺泡。成人的肺有 3～4 亿个肺泡，如果将肺泡一一展开，其总面积达 100 平方米，大约有 50 个乒乓球桌那么大。肺泡是肺部气体交换的主要部位，也是肺的功能单位。安静时，由于人体需氧量较少，大约有 5% 的肺泡工作就可以满足身体对氧的需求。当进行体育运动时，肌肉活动及人体的需氧量不断增加促使大部分肺泡参与工作，对保持肺泡的弹性和改善肺泡的冲性都具有较大的作用。

在体育锻炼过程中，呼吸频率会适当加快，深度加深，既增强了呼吸肌的力量，又增加了肺通气量，使呼吸器官得到良好的锻炼与改善。实践证明，经常参加体育锻炼可以促进胸廓的增长发育，并增大胸围、肺活量和呼吸差，改善呼吸频率；同时，还能增加呼吸深度，提高呼吸率。另外，通过体育锻炼还能提高机体耐酸和抗缺氧的能力。

2.对呼吸运动的调节

呼吸运动受呼吸中枢的控制，呼吸器官本身的各种感觉器传入冲动的反馈调节，骨骼肌和关节活动、温度及血液化学成分的改变都会影响呼吸中枢的兴奋性。

实践证明，经常参加适量的体育运动，人的呼吸中枢兴奋性会普遍增高，对血液化学成分的改变也相对敏感。随意停止呼吸运动的长短是评价呼吸强度和呼吸中枢对缺氧及二氧化碳增多耐受的重要指标。优秀运动员随意停止呼吸的持续时间较长，而且对膈肌的控制稳定。他们在恢复呼吸时，血液的氧合作用也在加快恢复。

（五）可以预防疾病、抗衰老、延年益寿

众所周知，人的生长是人体细胞不断繁殖和细胞间质不断增多导致的结果。人的发育是人体细胞不断分化、器官不断发展、机体逐渐成熟、形态逐渐完善的结果。发育与生长之间是相辅相成的，但发育比较复杂，会受到各种条件的影响。人体是一个统一、完整的有机体，它由许多细胞构成，在长期的进化过程中，这些细胞已经高度分化，具有不同的结构和不同的功能，并组成为各种功能的器官系统。参加科学的体育锻炼能促进机体的全面发展，保持内部与外界环境平衡，延缓各器官系统功能的衰退进程，起到预防疾病、健身美体、延年益寿的作用。

第二节 体育运动对大学生的心理健康的作用

一、心理健康与体育锻炼

健康诸要素之间的关系实际上是身心之间的关系。它们关系密切，相互作用，相互依存，身体健康有助于心理健康。中国古代哲学家范缜提出的"形存则神存，形谢则神灭"，强调了躯体是心理的载体；近30年来，生理学及生物学研究证实了生理机能对心理健康的影响作用。例如，甲状腺的主要功能是控制人体的新陈代谢，甲状腺素分泌过多使得人体的新陈代谢速度加快，个体便会产生紧张反应，表现为肢体颤动、情绪激动、注意力难以集中、焦虑不安和失眠等。心理健康同样影响身体健康。《黄帝内经》有云："怒伤肝，喜伤心，思伤脾，忧伤肺，恐伤肾。"一些生理疾病（冠心病、哮喘、头痛和溃疡等）和心理状况有关。例如，抑郁会增加肾上腺激素和肾上腺皮质激素的分泌量，还会降低免疫系统的功能，使个体更容易患病。因而，保持身体和心理的平衡与和谐对人的健康是至关重要的。

大量研究表明，体育锻炼是一种低经济支出、低风险和低副作用的有效改善心理健康的手段。体育锻炼对心理健康的积极影响主要表现在以下几个方面。

（一）改善情绪状态

不良情绪是导致生理和心理不健康的重要因素之一，而体育锻炼能给人带来愉快和喜悦，并能降低紧张感和不安感，从而调控人的情绪，改善心理健康状况。体育锻炼的情绪效应有短期效应和长期效应两种。温伯格等人研究报道，一次30分钟的跑步可以显著地改善紧张、困惑、焦虑、愤怒和抑郁等不良情绪状态。同时，温伯格认为，长期有规律的中等强度体育锻炼有助于情绪的改善。大学生常常因为学习的压力、同学间的竞争、人际关系的复杂以及未来前程的担忧而产生紧张、焦虑和不安，经常参加体育锻炼可以使这些不良情绪得到改善，心理承受能力增强。

（二）提高智能

体育锻炼有益于呼吸、血液循环和神经细胞兴奋与抑制的交替，更有助于学生的注意力、记忆力、想象力、思维分析等心智的健康发展，并使其情绪稳定、性格开朗、疲劳感下降等，这些非智力锻炼对人的智能发展具有促进作用。

（三）强化自我概念和自尊

自我概念是个体主观上对自己的特长、能力、身体、社会接受性等各方面的看法和感觉的总和，如"我的学业成绩非常优秀""我的身材不是很有吸引力"等。自尊是在自我概念的基础上对自己各方面的评价和情感反应，如"我对自己优异的学业成绩感到自豪""我对自己富有吸引力的身体感到非常满意"等。由于自我概念和自尊都是由许多方面的自我认识组成的，我们通常认为自我概念和自尊是同义词，它们在适应社会和人格形成方面都起着很大的作用。

有关报告显示，54%的大学生对他们的体重不甚满意。[①]与男性相比，女性倾向于高估她们的身高和低估她们的体重，而身体肥胖的个体更可能有身体自尊方面的障碍。身体自尊主要包括一个人对自己运动能力、身体吸引力、健康状况以及身体的抵抗力等各方面的评价。当个体对身体形象不满意时会使其整体自尊降低，并产生不安全感和抑郁症状，而体育锻炼可以对参加者有关身体方面的自尊产生巨大的影响，从而最终影响自尊。例如，一项降低体重的训练可以明显影响参加者的身体外表知觉和身体想象，如果体育锻炼达到足够强度和足够时间，它就会影响自尊。再如，当一名大学生在他的首次网球比赛中获胜了，这是对他的网球运动能力的肯定，相应就会提高他对自己这一能力的知觉。如果他能够继续成功，则有可能提高其身体自尊，到最后可能会是整体自尊的提高。

（四）培养坚强的意志品质

意志品质是指一个人的果断性、坚韧性、自制力以及勇敢顽强和主动独立等精神。意志品质既是在克服困难的过程中表现出来的，又是在克服困难的过程中培养起来的。在体育锻炼中，要不断克服客观困难（如气候环境条件的变化、身体素质与能力的限制或意外等）和主观困难（如紧张、畏惧、失意、疲劳等），锻炼者越能努力克服困难，也就越能培养良好的意志品质。从锻炼中培养起来的坚强意志品质能够迁移到日常的学习、生活和工作中。

---

① 周蕤，肖志夫，夏琼华.职业体育与健康教程[M].上海：上海交通大学出版社，2015.

（五）协调人际关系

我国著名医学心理学教授丁瓒指出：人类的心理适应最主要的就是对于人际关系的适应，人际关系是影响一个人的心理是否健康的重要因素之一。

在生活中，我们常常可以发现，那些人际关系好的人总是心情愉快、精神饱满，对什么事情都充满兴趣，这些人生活得很愉快、很舒畅；而人际关系不好的人常常无精打采、郁郁寡欢，缺乏生活的乐趣。体育锻炼可以改变这一现象，因为体育锻炼是在一定的社会环境中进行的，它总是与人群发生交往和联系，人们在运动中能够较好地克服孤僻，忘却烦恼和痛苦，协调人际关系，扩大社会交往，提高社会适应能力。著名学者麦亦尼认为，游戏和运动具有启发创造性、消除紧张和保持友谊等心理保健价值。马赛等人调查发现，外向性格者比内向性格者的社会需要更强烈，这种需要可通过集体性的体育活动得到满足。

（六）治疗心理疾病

20世纪80年代中期以来，我国大学生患心理疾病的比率明显上升。这说明激烈的社会竞争正在逼近学校，使学生的压力不断增大。

大量研究表明，体育锻炼能预防和治疗心理疾病。美国的一项调查显示，在1750名心理医生中，有80%的人认为体育锻炼是治疗抑郁症的有效手段之一，60%的人认为应将体育锻炼作为一种消除焦虑症的治疗方法。①

二、怎样使体育锻炼产生良好的心理效应

（一）影响坚持体育锻炼的因素

体育锻炼同其他健康生活方式，如合理的膳食、戒烟等一样，它经历了被人们接纳和坚持的一个连续过程。人们对体育行为的启动和坚持直接影响它所产生的积极心理效应。那么，哪些因素会使参加体育锻炼者坚持体育活动呢？

1. 锻炼的目的

据报道，大多数成人参加体育锻炼的最主要的目的是获得健康。也就是说，要改变久坐不动人群的不健康生活方式，就要对他们进行体育锻炼与健康知识的教育。这些健康知识包括通过体育锻炼可获得日常生活所需的体能、预防心血管疾病、减轻体重、塑造形体以及消除日益激烈的竞争压力所带来的紧张应激等方面的内容。人们只有增强了体育锻炼能促进健康的意识，才会更多地投入这项投资少、风险小、收益大的活动。

2. 运动愉快感

运动愉快感是在运动中瞬间体验到的一种欣快感，通常是不可预料地突然出现。在跑步时，人们很容易出现这种愉快感，因此国外称之为"跑步者高潮"。当高潮出现时，锻炼者会达到一种良好的身心状态，整个人与周围情境融为一体，身心轻松，忘却自我，充满活力，超越时空。

---

① 高锐，李春林. 体育与健康 [M]. 成都：电子科技大学出版社，2019.

愉快是任何休闲活动的主要特点。尽管对于刚参加体育活动的人来说，健康是最重要的目的，但愉快感是锻炼者长期参加体育活动的主要原因。调查表明，由于缺乏运动愉快感，超过50%的人在获得理想的健康效果之前就放弃了运动。因此大学生要坚持体育锻炼，要想使其形成一种健康的生活方式，就要根据自己的兴趣和爱好，选择体育活动项目。

3. 自我效能

自我效能是人们对自己是否具有在从事和完成某项活动过程中达到指定操作表现目的的能力的判断。在体育锻炼中，自我效能影响人们的行为选择。为什么有些人喜欢跑步或做健身操，而不是打网球或羽毛球，个人之间的偏爱不尽相同，但选择适合自己能力的项目是重要的原因之一。自我效能还能影响人们对锻炼行为的坚持和人们在运动时的努力程度。例如，两个在身体能力方面没有明显差异的网球初学者，由于他们对自己运动能力的判断是不同的，因此他们在网球运动中会有不一样的表现。高自我效能者会在练习中保持充沛的精力和活力，碰到挫折不灰心，始终相信自己能够坚持网球训练，并且最终在网球场上挥拍自如，而低自我效能者在运动一开始就落后了，因为他认为自己难以应对困难，低估了自己的能力，很容易产生恐惧感，常常灰心丧气，失去解决问题的动力，最终很快放弃了网球运动。

因此，对大学生来说，最好制定符合个人能力的活动目标，它将有助于个体获得成功感和控制感，提高自我效能，坚持锻炼行为。

4. 环境

环境影响体育锻炼的心理效应，也影响运动愉快感的产生。体育活动时的社会环境包括体育锻炼者的指导者、同伴、家长和观众等。研究表明，来自同伴的社会支持是个体参加和坚持体育活动的主要因素之一。体育活动时的自然环境包括阳光、空气和水。阳光、空气和水对运动的个体非常重要。例如，恶劣的空气状况令人感到压抑、沉闷、昏昏欲睡；而清新的空气令人心旷神怡、神清气爽。如果运动环境的空气不流通，会使空气中二氧化碳的浓度上升，对人的健康造成极大的伤害。运动环境中的温度对人们的心理状况也有一定的影响，虽然有资料显示寒冷并不会显著地影响人们的心理状况，但高温对人们的生理、心理有较大的影响。在高温环境下运动，体内大量出汗可使电解质丢失，会引起中枢神经系统功能不全(如易受刺激、判断力下降，甚至行为异常、精神错乱、昏迷等)。因而，在高温环境中运动时除了衣服要轻、松、透气外，还可以在运动前、中、后少量多次地补充含糖和钠盐的饮料。

（二）体育活动特征和心理健康的关系

通过锻炼达到身心健康的改善，与体育活动的四个特征有关，它们是活动的类型、强度、持续时间和频率。锻炼的身心效果依赖于这四个因素的相互作用。这项理论与生理学的研究结果是一致的。

（1）体育活动的类型

由于对竞技和"没有疼痛就没有收获"这一观点的过于强调，一般人

第二章 体育运动的价值作用

也会像运动员一样认为锻炼一定要达到胜利的顶峰。因而,喜欢运动的人常常锻炼得太过分、太用力,不考虑生理能力所能承受的范围,最终伤害了身体。应该澄清的是,不论是哪种形式的运动,如疾走、游泳或骑自行车,只要是中等强度的有氧运动(中低强度、长时间、需要氧气的运动)都会对心血管健康有益。同时,伯杰等大量研究者发现有氧运动可以降低焦虑和抑郁。所以,大学生也应改变过去形成的"奥林匹克综合征",多选择有氧健康的运动,如跑步、骑自行车、游泳、跳绳、爬楼梯或有氧健身操等。同时,要将体育锻炼作为一种长期的健康的生活方式。大学生选择的运动类型应该是适合自己的生活方式以及符合个人的喜爱类型并能从中获得乐趣的项目。

(2)体育活动的强度

活动强度是指单位时间内所做的功,人们常常用10秒的心跳频率作为评价强度的方法。体育活动的强度与耗氧量密切相关,人体是一个有机整体,人体的最大吸氧量与心率之间存在对应关系。为了增加实际操作的可行性,人们一般用心率指标来衡量活动强度。运动医学一般规定:活动的大强度相当于最大吸氧量的70%~80%,即相当于最高心率的80%~90%;中等强度相当于最大吸氧量的50%~60%,即相当于最高心率的65%~75%;小强度相当于最大吸氧量的40%左右,即相当于最高心率的60%左右。心脏最大能力(最高心率)可以用220减去自己的年龄求出。要使锻炼达到积极的身心效应,锻炼者的心率应在最高心率的 60%～80%，在此范围内的锻炼既有效果，又是安全可靠的。

（3）体育活动的持续时间

体育活动的持续时间是指每次活动的时间长短和活动方案的时间长短。每次活动的持续时间与活动的强度有关，并且两者之间成反比。活动的强度大，持续时间应缩短；活动的强度小，持续时间应延长。我们可以通过逐渐增加锻炼强度、逐渐增加锻炼时间或同时增加强度和时间来获得有氧健康。十分强烈的锻炼是危险的，尤其是在季节变化时。真正对心血管有益的是锻炼中间心跳加快的那 20～30 分钟。因此，我们可以通过中等强度的有氧锻炼来获得健康。对于每次体育活动的持续时间究竟多长才会产生良好的心理效果，大多数研究结果表明，每次活动时间在 20～60 分钟对改善情绪状态的效果最为理想，并一致认为持续时间过长或强度过高的竞赛活动不会产生良好的心理效果。同时，活动方案的持续时间越长，体育活动达到的心理效果越好，尤其是对低自尊、患焦虑症和抑郁症的大学生来说，治疗效果越好。

（4）体育活动的频率

活动频率是指每周的活动次数。有规律的体育活动能有效地保持人体的运动机能水平和缓解个体的紧张应激与抑郁。对于大学生来说，一般的标准是每周 3～5 次。如果频率太少，那么不锻炼的日子就会消磨掉锻炼的成果；而过分锻炼会消耗你的能量，使身心过度疲劳，最终也许会失去动力。

第三节　体育运动对大学生的社会适应性的作用

一、社会适应性

（一）社会适应性的概念

社会适应性也称社会健康，是指个体与他人及社会环境的相互作用、具有处理好人际关系和实现社会角色的能力。它不是一个社会全体国民的平均健康水平，也不是社会及其运行的健康程度，而是个人健康的重要维度，即个人的社会健康。有此能力的个体在交往中有自信感和安全感，与人友好相处、心情舒畅，知道如何结交朋友、维护友谊，知道如何帮助别人和求助别人，能听取他人意见，表达自己的思想，能以负责任的态度行事并在社会中找到适合自己的位置。

对社会适应性的评价，应该从以下几方面对个人的社会健康状况作出评价：

（1）接受与他人的差异。

（2）能与同性或异性交朋友。

（3）主动与人交往，有稳定而广泛的人际关系。

（4）与家庭成员和睦相处。

（5）当自己的意见与多数人的意见不同时，能保留意见并继续工作。

（6）有1～2个亲密朋友。

（7）共同工作时能容纳他人，能接受他人的思想和建议。

（8）在交往中能客观评价他人，能自我批评，取长补短。

社会适应性低的人在与别人交往时总是牢骚满腹，总觉得别人是欠他的。没有耐心听取他人的劝告或建议，拒绝从他人的立场考虑问题。也有人对人际关系表现为恐惧心理，害怕与他人接触，使自己形成孤僻的性格，不被他人所接受。

（二）社会适应性对身心的影响

1. 人际关系出现障碍

人类心理适应最主要的就是对人际关系的适应，所以人类心理病态主要是由人际关系失调而来。许多研究成果表明，社会关系越丰富，交往越广泛，人的寿命越长。相反，社交生活越单调，人的寿命就越短。因此，我们在有限的生命里，不要把时间交给寂寞和孤独，要走出内心的限制，阳光自信地走向人群，将会收到意想不到的效果。

2. 对社会环境不适应

社会适应性是反映一个人综合素质能力高低的表现，是个体融入社会、接纳社会能力的表现。社会适应是个体与各种环境因素连续不断相互作用的改变过程。现在越来越多的人对环境的适应能力差，对各种社会关系看不惯，只看到社会的阴暗面，对社会进步性不予接受，不感恩社会，反而对社会充满失望，继而产生各种精神疾病。因此，当在学习与生活中碰到困难及挫折而产生烦恼和压抑情绪时，体育运动可以帮助摆脱烦恼、振奋精神。

3.对家庭不适应

人一出生就注定要面对家庭，扮演不同角色，为人子、为人夫、为人父等。有些人却不能适应这些角色的更替，面对各种责任和压力总是感觉身心疲惫，甚至产生恐惧感，影响自己的身体健康和心理健康。

因此，为了保持身心健康，我们要积极参加体育锻炼。身心健康需要友谊、爱情、亲情、支持、理解和尊重等，所以要通过人际关系获得心理方面的满足。良好的人际关系是成功的基础。善于同他人相处是一个人诸多能力中最重要的、不可或缺的能力。

二、体育锻炼对社会适应性的影响

（一）体育锻炼有助于形成适应社会的合作意识和团队精神

现代社会需要合作精神，合作是建立在团体成员对团队目标认识相同的基础上的，一个人要想在社会中取得成功和成就，就需要与他人合作，需要得到他人的帮助。在合作过程中，个人所得有助于团队所得。合作的优越性体现为个人与他人一起工作时获得的社会效益，如增加沟通、互相信任等。在做一些相互依赖的运动项目时，合作会使该项目的完成变得更为快速，因为团队要获得成功，团队成员就必须相互努力、共同协作。

合作能力既是体育活动参与者的必备条件，也是需要通过体育活动发展的一种能力。人们经常参加体育活动，特别是参加集体性较强的体育活动，不仅需要发挥个人的力量，还需要自己与他人的通力合作，只有这样，才能使集体的目标得以实现，个人的作用也能充分地发挥。加上现代社会科学技术更新换代的加速，新学科、新技术的不断涌现，瞬息万变的信息纷至沓来，令人目不暇接，各学科之间相互渗透交融，社会分工既精细又要求互相合作，要求每一个现代人都必须具备合作精神与能力。因此，经常参加体育活动，特别是参加集体性的体育活动，有助于加强合作意识，培养团队精神。

体育竞技中的许多团体项目，如足球、排球、篮球等已广泛普及，人们在投身于这些强身健体运动项目的同时，学会了如何恰当地处理个人与集体的关系，如何融入集体，如何与他人沟通及合作，并在其中强化个人的组织性和纪律性。

（二）体育锻炼有助于人际关系的改善

人是社会的基本构成单元，人对社会的适应从本质上来说是自身对他人的适应，能否成功地与他人交往、沟通是人对社会适应最直接、最客观的体现方式。体育运动使人们相聚在运动场上，进行平等、友好的练习或比赛，使人们相互之间产生一种亲切感，尤其是集体比赛项目，可以给直接参与者及间接参与者提供交往、交流的机会，让他们的关系变得更加和谐友好。多项国内外研究表明，外向性格者比内向性格者的社会交往需要更强烈，这种社交交往需要通过参加跳舞、打球等集体性的体育活动才可得到满足。性格内向者更应该参加集体性的体育活动，使个性逐步得到改变。

任何一个体育锻炼项目都有固定的技术动作和运动要点，所有参与者在锻炼过程中都需要学习和练习，都需要讲解与示范，都存在对技术动作的纠正和完善的需要。这就要求无论是自我纠正和完善，还是互相纠正与完善，都需要相互配合和主动沟通。实践证明，在集体项目中，每个人能否在完成自己任务的同时达到与同伴的协助配合，对竞赛的输赢关系重大，这也要求队员具有较好的合作意识。

（三）体育锻炼有助于提高人们的心理素质

体育运动与日常自然的身体运动相比，内容和形式都不尽相同。体育运动一般具有艰苦、疲劳、激烈、紧张、对抗以及竞争性强的特点。凡是比赛都要争高低、论输赢，体育运动的过程必然伴有成功的喜悦和失败的辛酸。在成功或失败之中，人们享受了战胜困难、战胜对手、战胜自我的快乐；磨炼了面对现实，以积极的心态对待困难和挫折，用健康的心态去迎接新的挑战的意志，培养了胜不骄、败不馁的素质，人们的心理承受能力与心理适应能力在不断锤炼中得到了显著加强。

（四）体育锻炼有助于塑造健全的人格

人们在体育运动中要承受一定的生理负荷，这就要求运动员有勇敢、坚持、自制、不怕困难、不怕艰辛等良好的意志品质和乐观、友爱、愉快等多样的感情。体育运动项目多样，有的要求快速，有的要求耐久，有的动作复杂惊险，有的动作变化无穷，这就要求人们勇敢地去挑战，果断地做判断，而以上这些优秀的品质对一个人适应社会竞争、胜任社会角色都有深远的意义。此外，绝大多数的体育项目都伴随高强度的对抗，这是一个侵犯与被侵犯、忍让与被忍让、尊重与被尊重的过程，人们参与其中，学会了尊重、体谅。

（五）体育锻炼有助于培养适应社会需要的价值观

价值观是基于人的一定的思维感官之上而作出的认知、理解、判断或抉择，也就是人认定事物、辨定是非的一种思维或取向，从而体现出人、事、物一定的价值或作用。尽管因为各时代的制度有差异，社会价值观的价值取向均不相同，但是都离不开对和平、自由、平等、幸福、友谊等具体价值内容所持的态度和行为。体育锻炼因其宗旨、方式、结果都对价值观所涵盖的内容具有积极的影响作用，所以它可以培养人们树立适应当今社会的正确价值观。

（六）体育锻炼有助于适应社会发展的生活方式

当前，由高科技开创的文明与繁荣使人们的生活水平有了极大的提高。此时，尽管闲余时间不断增多，但劳动性质的改变、生活节奏的加快等因素导致现代文明病多有发生。基于这种现状，为了防止体力衰退，提高生活质量，人们必须选择文明、和谐、健康、活泼的活动方式去善度余暇。人们认真地在对各种活动方式进行比较之后，更寄希望于丰富多彩的体育运动，把它作为现代生活方式的一项重要内容和明智选择。体育锻炼具有动态性、趣味性、娱乐性、保健性与休闲性等特点，人们通过体育锻炼掌握知识技能，并以这种快速、敏捷的生活方式提高人们对快节奏生产生活的应变与耐受能力，缓解精神紧张，调节身心平衡，丰富生活内容，拓宽生活领域，进而提高健康水平。

（七）体育锻炼有助于培养丰富的情感

现代人的情感表现为责任感、道德感、追求感等。体育运动以其群体约束力和积极主动性激励参与者只有具有高度的责任感，才能和同伴密切合作；以其严格的规则规范参与者的行为，促使参与者必须具有良好的道德规范；以其具有胜负要求的特性，促使参与者竭尽体力和智力去追求胜利。同时，在大众体育里，参与者可以得到对集体的信赖感和依托感。在家庭体育里，参与者可以在和睦快乐的气氛中得到归属感和稳定感。在娱乐体育里，参与者可以得到愉悦感。在探险活动中，参与者可以得到自豪感和征服感。所以，经常参加体育运动能够使人们在成功与失败、竞争与退让，乃至生与死之间不断拼搏、不断抉择，并充分享受各种复杂情感的陶冶和体验。

第三章 大学生身体素质训练

第一节 力量素质

体育锻炼的内容一般可分为全面提高身体素质和提高身体基本活动能力的锻炼，健身健美和矫正形体形态的锻炼，娱乐性体育锻炼，医疗康复性体育锻炼，利用自然条件的体育锻炼，等等。但各种体育锻炼都具有的一个基本内容是提高身体素质。身体素质是指人体在运动、生产劳动和日常生活中表现出来的力量、耐力、速度、灵敏及柔韧等活动能力。身体素质，特别是力量和耐力是衡量体质强弱与体育活动能力的重要标志之一。

一、力量的分类

力量素质是指肌肉克服工作阻力的能力。按肌肉收缩的特点可分为静力性力量和动力性力量；按肌肉力量的大小可分为绝对力量和相对力量；按其表现形式又可分为最大力量、速度力量和力量耐力。

（一）最大力量

最大力量（大环节力量）是指肌肉在随意最大限度收缩中，神经肌肉系统所能产生的最大的力。最大力量能够决定需要克服或控制较大阻力的运动项目（如举重）的成绩，这里的"控制"较大阻力是指肌肉可能需要保持最大或接近最大的静力性（等长）收缩，也可能需要保持最大力量的快速收缩（如链球和铅球项目）或最大力量的耐力性收缩（如划船）。需要克服的阻力越小，最大力量的参与越少。从静止状态开始加速（短跑）或推动身体离开地面（跳跃），人体需要克服较大的阻力，而不像中长距离耐力项目保持始终如一的运动。

（二）弹性力量

人体神经肌肉系统通过肌肉快速收缩来克服阻力的能力被称为弹性力量（爆发力、速度力量）。神经肌肉系统通过反射活动、肌肉弹性成分和收缩成分之间的协调来接受和对抗外界施加的快速负荷。用"弹性力量"这个表述能够更好地理解"收缩速度"和"收缩力量"，避免混淆。尽管在肌肉产生弹性力量的机制内，收缩力量和收缩速度同时参与，但是神经反射活动与肌肉弹性成分之间的复杂协调和共同参与，决定了它是一个最具特殊性的力量领域。弹性力量对所有需要"爆发性"用力的运动项目的成绩起着决定性的作用，如跑、跳、投和技击等项目。

（三）力量耐力

力量耐力是指有机体耐受疲劳的能力。过去的一些力量测试方法，如连续做俯卧撑的个数，实际上测试的是人体的力量耐力。一些需要在持续较长时间内克服阻力的运动项目的成绩主要取决于人体的力量耐力，如划船、游泳、越野滑雪以及运动时间在 60 秒至 8 分钟之间的田径运动项目，力量耐力就起着关键的作用。

（四）绝对力量和相对力量

最大力量是各种运动项目的主要组成部分。另外，人体体重与运动成绩紧密相关。也就是说，就绝对力量表现而言，体重较重的运动员一般要优于体重较轻的运动员。在不考虑运动员体重的情况下，运动员所能发出的最大力量被称为绝对力量，运动员相对于体重而言能够发出的最大力量被称为相对力量。就需要移动身体体重的运动项目而言，相对力量是十分重要的，如跳远和体操等项目。用运动员的绝对力量除以运动员的体重（身体某一部位的体重）就能够得出运动员的相对力量。适当地减轻运动员的体重能够增加运动员的相对力量值。

二、力量训练的注意事项

静力性力量的练习方法：推蹬固定物体，支撑、平衡、悬垂，负重深蹲慢起，等等。

动力性力量的练习方法：推、拉、蹬伸、摆动、跑、跳、投掷等。发展最大力量的方法主要是进行克服大阻力、重复次数少的练习；速度力量的锻炼是适当减少阻力，用最快的速度完成动作；发展力量耐力要求既能克服一定的阻力，又能坚持较长时间的练习。

发展力量练习应注意的几个问题：

（1）力量练习前要做好充分的准备活动。

（2）力量练习以隔天一次练习为宜，锻炼过程要在适应原负荷的基础上逐渐增加负荷。

（3）力量练习时要注意呼吸。

（4）力量练习要先练大肌群，后练小肌群。

三、力量训练采用的频度

（一）每周训练课的次数

一般可以每周进行3次力量训练课，每次课持续45～75分钟。每次力量训练课后休息1天或安排其他性质的练习，以保证肌细胞的恢复和重建，使肌肉更强壮。因此，一周的力量训练课可以安排在星期一、星期三、星期五，或者星期二、星期四、星期六。

（二）每次训练课的组数以及每组重复的次数

达到力量训练最佳效果的训练方式是每种练习重复3～5组，因为在第5组练习之后力量增长的效果就显著下降，每组重复10次左右（腹部练习除外）。

四、开始力量训练时使用的重量

（一）重复10次的重量

采用连续重复10次的重量，要求最后一次恰好能够完成。可以在前几次训练课中通过不断尝试来确定适宜的重量。

（二）增加重量的时机

在一个重量下连续重复超过 10 次时，就可以增加重量。

（三）练习方式

练习方式主要有两种，分别能产生不同的效果：低重复高强度发展力量，高重复低强度发展耐力。

五、力量肌群训练的顺序

在初期的训练课中要注意发展一些肌群的力量，一般先进行大肌肉群力量练习，再进行小肌肉群力量练习。这是因为如果小肌肉群先疲劳，就无法充分完成大肌肉群的练习，也就无法达到理想的效果。例如，如果先进行屈肘练习使臂部肌群疲劳，就无法顺利完成随后的卧推练习，因为卧推力量的限制因素是臂部肌群，而不是胸部肌群。对人体最主要的七个肌肉群进行力量练习的顺序是：

（1）腹部肌群。从这里开始进行准备活动。

（2）大腿前部肌群。由于双腿能够自动地带动腰部肌群参与运动，所以在开始大腿前部肌群的练习之前，需要进行充分的准备活动。它是人体最大的肌肉群。

（3）胸部肌群。它们是完成上肢支撑动作的主要肌群。

（4）背部肌群。在开始背部肌群的练习之前，需要进行充分的准备活动。

（5）肩部肌群。它们是完成上肢支撑和提拉动作的主要肌群。

（6）肱二头肌群。它们是完成上臂屈肘动作的主要肌群。

（7）肱三头肌群。它们是人体最小的肌肉群。

六、发展肌肉力量的具体方法

（一）俯卧撑

俯卧撑的动作方法：俯身向前，手掌撑地，手指向前，两臂伸直，两手撑距同肩宽，两腿向后伸直，两脚并拢并以脚尖着地，两臂屈肘向下至背低于肘关节，接着两臂撑起伸直成原来姿势。

练习要求：身体保持平直，不能塌腰成"凹"形，也不可拱臀成"凸"形。多次重复该动作能发展三角肌的前部、胸大肌以及肱三头肌等上肢力量。

（二）引体向上

引体向上的动作方法：两手正握或反握单杠，握距同肩宽，两脚离地，两臂伸直，身体悬垂。引体发力身体向上拉至头过杠面，然后身体慢慢垂下成原来姿势。

练习要求：发力引体不要借助身体摆动和屈蹬腿的力量，多次重复该动作能发展胸大肌、背阔肌以及肘关节屈肌群力量等。

（三）双杠臂屈伸

双杠臂屈伸的动作方法：两臂屈伸在双杠上，身体垂直在杠内，屈臂至两臂完全弯曲，接着用力撑起，使两臂伸直成原来姿势。

练习要求：身体要直，下肢自然下垂，腿不要屈伸摆动，多次重复该动作能发展三角肌前部、肱三头肌力量。

（四）仰卧起坐

仰卧起坐的动作方法：仰卧在地板上或体操垫上，使身体处于水平位置，腿伸直，两手一般抱头，然后向上抬上体至垂直，再慢慢后倒成原来姿势。多次重复该动作能发展腹肌、髂腰肌等力量。

练习要求：起坐动作速度要快，下卧动作速度应慢。

（五）收腹举腿

收腹举腿的动作方法：仰卧在地板上或体操垫子上，身体伸直处于水平位置，两臂伸直，自然置于体侧，然后收腹向上举起双腿至垂直位置，再慢慢放下成原来姿势。

练习要求：收腹举腿动作速度要快，放腿速度应慢，多次重复该动作能有效地发展腹肌和髋关节屈肌群力量。

（六）提踵运动

提踵运动的动作方法：在地上放一块5～6厘米厚的木板，前脚掌踏于木板上，脚后跟着地，然后尽量提高脚后跟再行放下，连续进行。

练习要求：身体正直、上体挺拔，臀部不要后坐。多次重复该动作能发展小腿后部的目鱼肌、腓肠肌、腓骨肌、短肌群力量，对踝关节的韧带收缩亦有益处。

（七）仰卧推举

仰卧推举的动作方法：仰卧在推架上，调整好呼吸（用力时应先吸气），双手握紧杠铃，距离略宽于肩，然后把放在架上的杠铃举起，在适当的控制之下慢慢放低杠铃至胸部，轻触胸部的瞬间再立刻出力上举，直至两臂成伸直状态。此种练习重量应由轻至重，轻的时候可多举几次，若重量达到体能的最大负荷，则一次刺激已足够。

练习要求：发力推起杠铃要快，放回胸上要慢。在向上发力推起杠铃时要尽量避免腰部离开凳面向上借力现象，这是唯一能锻炼上身全部肌肉的动作，主要发展胸大肌、三角肌前部、前锯肌和肱三头肌力量。做仰卧推举练习也可以用哑铃进行，其对发展上身小肌肉群力量更为有效。

（八）飞鸟运动

飞鸟运动的动作方法：仰卧在板凳上，双手各握一个哑铃，两臂伸直，双掌向内，缓缓向两侧放低，尽量伸开两手臂，然后快速回到原来的姿势，因其动作类似鸟飞时双翼上下挥动，故取名为飞鸟运动。

练习要求：往两侧平放时呼气，用力恢复原来姿势时吸气。该练习主要发展胸部及臂部肌群力量。为了加强胸大肌的训练效果，仰卧举起哑铃后，将双手运动的路线改变为交叉绕环。

（九）杠铃提拉

杠铃提拉的动作方法：站立于杠铃前，两腿自然开立，两膝稍弯曲，上体前屈，两手正握杠铃，握距约同肩宽，两臂伸直，调整好呼吸后，吸气用力,慢慢提拉杠铃,此时头部及背部须保持平直,至直立再行放下,连续6~10次为1组,重复3组。

练习要求:臀部低于肩膀,头、背保持平直,杠铃重量应逐渐加重。该练习对发展下背收缩肌群及腿后肌群力量具有绝对价值。

(十)肩负杠铃体前屈伸

肩负杠铃体前屈伸的动作方法:两脚左右开立,两手握住杠铃,身体由直立姿势屈至上体成水平后再伸直,反复进行练习。

练习要求:两腿伸直,臀部不要后坐,前倾慢,起体快,注意呼吸节奏。该练习对发展髋部和脊柱的伸肌群力量有较好效果,对腿后肌群力量的发展也有一定益处。

(十一)肩负杠铃转体

肩负杠铃转体的动作方法:两脚左右开立,两手扶住铃片,向左、向右转体。

练习要求:上体挺拔直立,转体时两脚不能移动,转体至极限时稍停,动作要平稳、缓慢。此练习主要发展腹外斜肌、腹内斜肌和腰背肌力量。

(十二)杠铃弓箭步抓举

杠铃弓箭步抓举的动作方法:抓举杠铃,两腿成弓箭步,然后恢复到原来姿势,连续交替进行。

练习要求:发力快,上下肢配合协调。该练习主要发展腰背肌、上肢肌群和下肢肌群力量。

（十三）高抬腿

高抬腿的动作方法：两手握双杠，左膝系橡皮筋，另一端固定在杠柱上，上体前倾，做抬大腿动作，另一腿积极蹬直，连续交替练习。

练习要求：蹬、抬腿，送髋、抬腿用力，两手不要拉杠。该练习主要发展髂腰肌、大腿屈肌群力量。

第二节　速度素质

一、速度素质的概念与分类

速度素质是指人体或人体某部位快速运动的能力，也就是人体或人体某部位快速做出运动反应、快速完成动作、快速移动的能力。它的基本表现形式有：反应速度、动作速度和周期性运动中的位移速度。

反应速度是指人体对各种信号刺激（如声、光、触等）的快速应答能力。在运动中被称为反应时，反应时长则反应速度慢，反应时间短则反应速度快。例如，短跑运动员听到枪声后快速反应启动；乒乓球运动员能在0.15秒内根据对方的击球动作和击球声音（通过视觉和听觉），非常迅速、准确地判断来球的落点和旋转性能，同时作出相应的技术回击，这些都是良好的反应速度的表现。动作速度是指人体或人体某一部分完成单个动作或成套动作的快慢以及单位时间内重复动作次数多少的能力。因此，动作速度又分为单个动作速度、成套动作速度及动作速率，如投掷运动员掷出器械的速度、排球运动员的扣球速度、跳高运动员的起跳速度、体操和武术运动员完成成套动作的速度以及拳击运动员在单位时间内的出拳速率等。

动作速度除了取决于信号在各环节中的神经传递速度之外，还与神经系统对人体运动器官的指挥能力关系密切，如兴奋冲动强度大，则传递速度快；协调性好，即指挥的能力强，动作速度必然快。此外，动作速度的快慢还与人体各器官系统的准备状态、快速力量与速度耐力水平以及动作熟练程度有关。

位移速度是指在周期性运动中，单位时间内人体快速位移的能力。通常用通过一定距离所消耗的时间或单位时间内所通过的距离来表示，如短跑运动员的跑速、跳高运动员的助跑速度等。

位移速度与人的神经过程的灵活性关系密切，神经兴奋与抑制过程灵活性越高，转换能力越强，人体两腿交换频率越高，位移速度也就越快。运动员的跑速与其步幅、步频及两者的比例以及肌肉放松能力和运动技能巩固程度有关。位移速度也受到遗传因素的影响。

二、速度素质的意义

速度素质是人的基本身体素质之一，在身体训练中占有重要的地位。速度素质是决定运动成绩的重要因素。在体育比赛中，有些项目的成绩直接受速度素质的制约，如短跑、短距离游泳、划船、骑自行车、滑冰、滑雪等项目，比较的是运动员快速运动的能力，根据通过一定距离所用时间的长短来决定胜负。有些项目虽然不是比速度，但速度素质的好坏对运动成绩有着直接影响，如跳远运动员首先要有快速的助跑产生良好的水平速度，然后要在 0.1 秒左右的时间内完成起跳，将身体抛出 8 米多远的距离；跳高运动员要在 0.2 秒内完成起跳，将身体腾起 2 米多高。

速度素质是重要的身体素质之一，它是衡量身体训练水平、竞技能力高低的客观依据。速度素质直接反映运动过程的效果，并提供改进技术、提高运动成绩的客观数据。竞技体育技术动作大多要求快速完成，良好的速度素质有助于运动员更好地掌握合理而有效的运动技巧。

速度素质练习不仅能提高人体的快速运动能力，而且能提高人体中枢神经过程的灵活性及兴奋与抑制的转换能力，提高人体三磷酸腺苷（ATP）和磷酸肌酸（CP）的储存量，以促进供能能力的提高及改善代谢过程。

速度素质不但是某些运动项目选才的客观依据之一，而且良好的速度素质对其他身体素质的发展有积极的影响。肌肉快速收缩能够产生更大的力量，高度发展的速度素质能为耐力的发展提供更大的空间。

三、速度训练的注意事项

（一）练习强度

练习时避免只用最大强度，高强度的练习要与较低强度的练习结合进行，以免造成速度障碍。

（二）持续时间与间歇

单个动作一般短于1秒，连续重复动作5~10秒，提高绝对速度的练习通常不超过30秒。间歇时间应以使运动员的能力得到相对完全的恢复为宜。

四、发展速度素质的具体方法

（一）反应速度

（1）听口令做对应的相反动作。教练喊立正，练习者做稍息；喊向左转，练习者向右转等。

（2）听信号启动加速跑。在慢跑中听到信号后突然加速冲跑10米，反复练习。

（3）小步跑、高抬腿跑接启动加速跑。做原地或行进间的小步跑或高抬腿跑，听到信号后突然加速冲跑10~20米，反复练习。

（4）俯撑起跑。从俯撑开始，听到信号后迅速收腿起跑10~20米。

（5）转身起跑。背对前进方向站立，听到信号后迅速转体180度，启动加速跑20米。

以上练习一般每组练习2~3次，重复2~3组，组间休息5~7分钟。

（6）听枪声及口令起跑，蹲踞式或站立式起跑20米。组数及每组次数根据运动员水平而定，组间休息5~8分钟。

（7）听信号变速快跑。在慢跑或其他移动中，听口令或看信号即启动快跑10~20米。练习组数、次数及休息时间同前（1）~（5）。

（8）反应突变练习。练习者听各种信号做各种滑步、上步、交叉步等移动、转身、急停、接球、上步垫球等练习。

（二）动作速度

（1）听口令、击掌或节拍器摆臂。两脚前后开立或成弓箭步，根据口令、击掌或节拍器节奏，做前后快速摆臂练习20秒左右，节奏由慢至快，快慢结合。摆臂动作正确、有力。重复2~3组，间歇3~5分钟。

（2）原地快速高抬腿或支撑高抬腿。站立或前倾支撑肋木或墙壁等，听到信号后做高抬腿10~30秒，大腿抬至水平，上体不后仰。重复4~6次，间歇5~7分钟。

（3）仰卧高抬腿。仰卧两腿快速交替做高抬腿练习（动作同上），要求以大腿工作，做10~30秒，练习次数及间歇同上。仰卧高抬腿也可做抗阻力练习，如拉胶皮带，将胶皮带分别固定在肋木（树干）上和两脚踝关节处，以高抬腿拉力抗阻力，胶皮带固定的一端要低于垫子约20厘米，也可拉胶皮带后再徒手练习，以提高动作速率。

（4）悬垂高抬腿。两手握单杠成悬垂，两腿快速交替做屈膝高抬腿和下蹬伸直动作，速度越快越好。两腿各抬20~50次，重复2~3组，组间歇3~5分钟。

（5）快速小步跑。小步跑15~30米，两腿频率越快越好。要求以大腿工作，小腿放松，膝踝关节放松，脚落地"扒地"。重复4~6次，间歇5~7分钟。

（6）快速小步跑转高抬腿跑。快速小步跑5~10米后转高抬腿跑20米。小步跑要放松而快，转高抬腿跑时频率不变，只是幅度加大。重复3~5次，间歇同上。

（7）快速小步跑转加速跑。快速小步跑10米左右转加速跑，加速跑时频率节奏不能下降，跑出20~30米放松。重复次数及间歇同上。

（8）高抬腿跑转加速跑。快速高抬腿跑10米左右转加速跑，频率节奏及前摆腿的高度不能下降。重复次数及间歇同上。

（9）变速高抬腿跑。行进间高抬腿跑中突然做几次最快速的高抬腿练习。动作要协调，重复4~6次，间歇5分钟左右。

（10）高抬腿跑接快速车轮跑。原地快速高抬腿5~10秒，接车轮跑15米。3~5次为一组，重复2~3组，组间歇7~10分钟。

（三）位移速度

（1）小步跑转加速跑。行进间快速小步跑，听到信号后转加速跑20~30米，要求启动快，在高速下完成练习。每组2~3次，重复2~3组，组间歇5~7分钟。

（2）高抬腿跑转加速跑。行进间快速高抬腿跑，听到信号后转加速跑，要求高抬腿动作规范，频率逐渐加快，加速跑时频率不变。每组2~3次，重复2~3组，组间歇5~7分钟。

（3）快速后蹬跑。慢跑5~7米后，做行进间快速后蹬跑20~30米。要求蹬摆协调，后蹬充分向前。每组练习3~4次，重复2~3组，组间歇 7 ~ 10 分钟。

（4）单足跳变加速跑。开始做 10 ~ 15 米单足跳，听到信号后变加速跑 20 ~ 30 米。要求左右脚各做一次练习，加速跑要达到最快速度。每组 2 ~ 4 次，重复 2 ~ 3 组，组间歇 5 ~ 7 分钟。

（5）加速跑逐渐加速至最高速度后保持一定距离，然后放松跑。加速跑 50 米、80 米、100 米，每组 3 ~ 5 次，重复 2 ~ 3 组，组间歇 5 ~ 10 分钟。

（6）连续加速跑。逐渐加速跑至最高速度，然后随惯性高速度跑 3 ~ 4 步后，随惯性放松至慢跑后再加速跑，连续练习。一般为 30 米加速跑，保持高速跑 5 ~ 8 米，放松跑 15 ~ 20 米，然后第二次加速跑。每组 2 ~ 3 次，重复 2 ~ 3 组，组间歇 5 ~ 7 分钟。

（7）重复跑。以 95% 或以上的速度，重复多次跑短于专项的距离，也可以重复跑一组不同的距离。每组 3 ~ 5 次，重复 2 ~ 3 组，每组间歇 10 分钟。

（8）变速跑。加速快跑 30 米、50 米或 80 米，然后放松慢跑 30 米、50 米或 80 ~ 100 米，或直道快跑弯道慢跑，或弯道快跑直道慢跑，等等，变速跑是改变速度的跑。要求慢跑休息，不能走路。每组 4 ~ 6 个变速段，重复 3 ~ 5 组，组间歇 7 ~ 10 分钟。

（9）上坡加速跑。站立式起跑后上坡加速跑 30 米、60 米、80 米。在坡度为 7° ~ 10° 的斜坡跑道上进行。要求大腿高抬以加强后蹬力量，每组 3 ~ 5 次，重复 2 ~ 3 组，每组间歇 5 ~ 7 分钟。

（10）顺风跑。顺风全速跑（蹲踞式起跑）30米、60米，可计时跑。要求加快步频，每组3~5次，重复2~3组，组间歇5~7分钟。

第三节 耐力素质

一、耐力素质的概念与分类

耐力是指人体长时间进行肌肉活动和抵抗疲劳的能力。耐力素质可分为有氧耐力和无氧耐力。

（1）有氧耐力锻炼。发展有氧耐力主要是提高心肺功能水平，有氧耐力的主要指标是最大氧量。发展有氧耐力的主要方法有慢速跑步、越野跑、骑自行车、游泳、划船等周期性运动项目。

（2）无氧耐力锻炼。主要采用尽可能快的动作或用平均速度以间歇练习法来完成。对运动员常用缺氧训练或高原训练等方法。

二、耐力素质的意义

（1）通过耐力训练提高呼吸系统、血液循环系统的功能，从而提高抗疲劳的能力。抗疲劳能力越强，机体保持持久的高水平运动的能力越强，这对创造优异成绩是有利的。

（2）通过耐力训练，呼吸及心血管系统机能得到发展，血氧供应充分，必定使机体能量物质的储备增多，使生理、生化功能提高，进而促进及加速运动后消除疲劳。

（3）合理的耐力训练能提高人体抗疲劳及疲劳后机体快速恢复的能力，大脑皮层中兴奋与抑制过程有节奏的交替能力也能得到提高，再加上充足的能量物质的供应，这些都成为其他素质（力量、速度、灵敏等）发展的物质基础，促进其他素质的发展。

（4）耐力训练还可培养坚毅、顽强、勇于克服困难的意志品质。

三、有氧耐力练习的注意事项

在有氧耐力练习中，提高最大吸氧量的主要训练手段是周期性练习。这些练习的强度必须控制在主要通过有氧代谢供能的范围之内，这就涉及负荷安排问题。在有氧耐力练习的负荷安排中，最主要的两个因素是练习强度与练习时间。

（一）练习强度

单纯发展有氧耐力的练习强度相对要小，一般应低于最大强度的70%，并以有氧系统供能为主。练习强度通常可用心率负荷来控制，如一般练习时可控制在 140～160 次 / 分钟，根据这个强度进行长时间的锻炼可使有氧系统供能得到改善，心肺系统的机能水平、肌肉供血和直接吸收氧气的能力得到提高。由于人与人之间耐力水平发展不平衡，故发展有氧耐力的适宜心率可以用公式推算来确定：

适宜心率 = 安静时心率 +（最大心率 − 安静时心率）×（60%～70%）

心率控制在这个水平可使心排血量增加，吸氧量达到最大值的80%左右。保持练习还能使心脏容量增大，促进骨骼肌、心肌的毛细血管增生。如果练习强度超过这一水平，心率在170次/分钟以上，就会导致运动后过量氧耗，从而使练习向无氧代谢方向转化。但如果练习强度过低，心率在150次/分钟以下，提高有氧能力的有效性就会降低。

（二）练习时间

有氧耐力的练习时间一般可根据训练水平而定，受过训练的运动员可长达2小时，而普通人进行训练至少也要维持20分钟。时间越长，对机体有氧代谢过程的刺激也就越大。同样，有氧耐力练习只有维持较长时间，才能使全身血量和红细胞增加，提高每搏输出量和机体的摄氧、输氧和用氧能力，达到发展有氧耐力的目的。

空腹晨练时，如进行发展有氧耐力的训练，应控制负荷量，以免损害健康。

四、常见有氧耐力的训练方法

（一）长时间单一运动项目训练

越野跑20～120分钟；骑自行车40～180分钟；游泳400～2000米；跳绳200～1000次；划船1～2小时；足球、篮球、羽毛球等练习1～3小时，等等。

（二）法特莱克跑

法特莱克跑又称速度游戏，在野外、道路（跑道）上进行。练习时，走、跑、跳交替进行，快慢交替，各分段长短不一。

（三）循环练习

通常将 6～10 个不同练习编成组，每个练习发展特定肌群的力量，各练习都做最大完成量的 1/5～1/2。所有练习不间断地连续进行为一组，做 3～10 组。

第四节　灵敏和柔韧素质

一、柔韧素质的概念

柔韧素质是指人体各关节的活动幅度以及肌肉和韧带的伸展程度。发展柔韧素质常用静力性和动力性拉长肌肉、肌腱、韧带的方法。

柔韧素质包括两方面的含义：一个是关节活动幅度的大小，一个是关节的肌肉、肌腱、韧带等软组织的伸展性。关节的活动幅度主要取决于关节本身的结构。关节的肌肉、肌腱、韧带等软组织的伸展性则主要通过合理的训练获得。

二、柔韧素质的意义

根据人体生理解剖结构，柔韧包括四肢和躯干各关节的柔韧。主要关节有肩、肘、腕、胯、膝、踝及脊柱等。柔韧的训练就是对上述各关节灵活性的练习。在体育运动中，因项目不同对各关节活动幅度的要求也就不同。但各关节全面柔韧的发展是基础，只有在全面发展的基础上，才能突出本专项需要的关节部位柔韧的重要性。

例如，投掷、体操、举重、游泳等项目需要肩关节柔韧性较高。投掷标枪时，肩部柔韧差不能满弓；游泳运动员肩部柔韧差将被列入淘汰之列；举重运动员肩部柔韧差将不能从事举重运动；体操运动员肩部柔韧差导致大量动作不能做到位，因技术发展受到限制而被淘汰。但这些项目的运动员必须以全面发展关节柔韧并适应本专项需要为前提，才能突出肩部柔韧的重要性。

篮球、排球、小球等项目对运动员腕部柔韧性要求较高。例如，排球运动员的扣球动作，首先是腕部的柔韧，因为它是控制球的关键部位，可控制球的方向、速度。但扣球需要肩、胸、腰、胯的柔韧性都好，才能有利于体前肌群的拉长，然后发力传递于手使球扣得有力。如果腕部柔韧性差，扣球时会使球失去方向和全身传递于手应有的力量。因此对任何一个具体项目来说，全身各关节的柔韧在每一个动作中都有其具体作用，哪一个部位的柔韧差都会影响动作的掌握和技术的发挥。因此各关节柔韧的发展是相互交替促进的。

还有的项目因专项技术的需要对全身各关节的柔韧要求都很高。例如，竞技体操、艺术体操、跳水等项目，不仅对肩、腰、胸、胯、腿有较高的柔韧要求，甚至对脚面的柔韧也有较高的要求。

柔韧素质对各项运动技术的掌握和发挥具有重要的作用，其具体作用如下：

（1）加大运动幅度，有利于肌力和速度的发挥。

（2）提高关节的灵活性，增加动作的协调优美感，以获得最佳的机能水平。

（3）加速动作掌握进程，有利于技术水平的提高，使技术动作更加轻巧灵活，更加协调和准确。

（4）防止、减少伤害事故的发生，延长运动寿命。

三、影响柔韧性的生理因素

（一）两关节面面积大小的差别

构成关节的两关节面的面积相差越大，关节活动幅度就越大，柔韧性就越好。这一因素是影响柔韧性的先天因素。

（二）关节周围组织的体积

关节周围的组织越多，限制关节运动的因素就越多。虽然关节周围的组织使关节的稳固性得到增加，但它会使身体的柔韧性下降。

（三）关节韧带、肌腱和肌肉的伸展性

关节周围韧带、肌肉、肌腱等组织的伸展性越好，关节运动幅度就越大，柔韧性就越好。体育锻炼主要通过增加关节周围组织的伸展性来提高关节的柔韧性。

（四）对抗肌的协调能力

关节周围的肌肉可分为主动肌和与之作用相反的对抗肌，对抗肌的协调能力主要取决于神经系统对肌肉收缩和放松能力的调节。体育锻炼可以改善对抗肌的协调性，从而使柔韧性提高。

四、发展柔韧素质的注意事项

（一）循序渐进，持之以恒

发展柔韧素质需要意志坚定地进行练习。柔韧练习痛感强，见效慢，停止训练便有所消退，因此只有持之以恒才能见效。由于肌肉、韧带等软组织的伸展性并不是一时一刻就能得到提高的，所以练习应逐步提高要求，做到循序渐进，不能急于求成。

根据停止柔韧练习一段时期已获得的柔韧效果会有所消退的特点，柔韧素质练习要做到系统化、经常化。特别是当某一部位因伤停止练习后，该部位所获得的柔韧效果将全部消退，其恢复期相对延长，因此在某一部位受伤后，其他部位仍应适当练习，否则柔韧效果会因停练而消退。

（二）柔韧素质练习要因项因人而异

柔韧素质练习必须根据专项特点和练习者的具体情况安排，如跳跃项目的运动员主要对腿部和髋部的柔韧要求高；游泳运动员主要对肩关节、踝关节和躯干的柔韧要求高；体操运动员主要对肩、髋、腰、腿部的柔韧要求高。因此，在全面发展身体各部位柔韧素质的基础上，要重点练习本专项所需要的部位的柔韧素质。另外，练习者的具体情况不一样，在柔韧素质练习过程中必须区别对待，突出针对性、应用性，这样才能收到良好的练习效果。

在运动训练中，虽然各项目对柔韧素质都有一定的要求，但一般来说没有必要使柔韧素质的发展达到最大限度，柔韧素质的发展程度只要能满足专项运动技术的需要就可以了。

（三）柔韧素质的发展应与力量素质的发展相适应

柔韧素质的发展应是在肌肉力量增长下的发展，而肌肉力量的增长过快会因体积的增长而影响关节活动幅度。力量练习能发展肌肉的收缩能力，柔韧素质练习能发展肌肉的伸展能力，因此以力量结合柔韧的练习提高肌肉质量最为有效，既能达到力量和柔韧的同时增长，又能保证关节灵活性的稳固。

（四）柔韧素质练习要注意外界温度与练习时间

外界温度过高或过低都会影响到肌肉的状态，影响到肌肉的伸展能力。一般来说，外界温度在18℃时有利于柔韧素质的发展，因为肌肉在这个温度下伸展能力较好。温度过高或过低、肌肉紧张或无力都会影响其伸展能力。例如，跳高运动员每次做完试跳之后总要穿上衣服，目的在于保持体温，使肌肉处于良好的状态，以便迎接下一次试跳。

在一天之内的任何时间都可以进行柔韧素质练习，只是效果不同。早晨的柔韧素质会明显地降低,所以早晨可做一些强度不大的"拉韧带"练习。在10：00—18：00时人体能表现出良好的柔韧性,此时可进行一些强度较大的柔韧素质练习。

(五)柔韧素质练习之后应结合放松练习

每次伸展练习之后应做相反方向的练习,使供血供能机能加强,有助于伸展肌群放松和恢复。例如,压腿之后做几次屈膝练习,体前屈练习之后做几次挺腹挺胯动作,下腰后做几次体前屈或团身抱膝动作,等等。

(六)柔韧素质练习时要防止受伤

柔韧素质练习主要是运用各种方法拉长人体关节肌肉、韧带的长度。但如果方法不科学,非常容易出现肌肉拉伤事故。因此,要提高柔韧练习的最终效果,就必须防止在练习时受伤。一般在柔韧练习前,可做一些热身活动,以减少肌肉的黏滞性;在拉长肌肉的过程中不宜用力过猛,特别是在柔韧被动练习时,教练员施加的外力要循序渐进,要了解运动员的个性特征,还要及时注意运动员的练习反应,以便合理地加力与减力,保证柔韧练习的正常进行。

五、柔韧素质练习的方法

(一)主动或被动的静力性拉伸方法

静力性拉伸方法是缓慢地将肌肉、肌腱、韧带拉伸到一定酸、胀、痛的感觉位置并略有超过,然后停留一定时间的练习方法。

这种方法可减少或消除超过关节伸展能力的危险性，防止拉伤，由于拉伸缓慢不会激发牵张反射，要求在酸、胀、痛的位置停留 6~8 秒，重复 6~8 次。

（二）主动或被动的动力性拉伸方法

运动性拉伸方法是有节奏的、速度较快的、幅度逐渐加大的多次重复一个动作的拉伸方法。

运用该方法时用力不宜过猛，幅度一定要由小到大，先做几次小幅度的预备拉长，然后加大幅度，从而避免拉伤。每个练习重复 5~10 次，重复次数可根据专项技术的需要而增加。

主动的动力性拉伸方法是靠自己的力量拉伸，被动的动力性拉伸方法是靠同伴的帮助或负重借助外力的拉伸，但外力应与运动员被拉伸的可能伸展能力相适应。

第五节　灵敏素质

一、灵敏素质的概念

灵敏素质是指在复杂和突变的情况下，人体迅速、准确、灵活运用动作的能力。灵敏素质是人体的运动技能和各种素质在运动中的综合表现，主要体现在动作的灵活性和大脑反应的快速敏捷上。它是警察在警务活动中机智灵活、快速敏捷处置各种暴力性、突发性事件所必备的主要身体素质之一。

二、影响灵敏性的生理因素

大脑皮质神经过程的灵活性及分析综合能力是灵敏素质的重要生理基础。大脑皮质神经细胞能在内外环境条件发生变化时迅速作出反应，并及时协调各器官作出反应。各感受器官功能的改善和提高也是灵敏素质增强的因素之一。例如，球类运动员在运动场上要"眼观六路、耳听八方"，反应迅速；体操运动员要反应敏捷、准确，这就要求他们具有良好的观察力、判断力、协调性和反应速度，准确表现所做动作的空间、时间和用力特征，以及相互配合上的高度精确性等能力。此外，灵敏素质又是运动技能与运动素质的综合表现。

在运动实践中，掌握的运动技能越熟练，大脑皮质暂时性神经联系的接通越迅速、准确，动作就会越灵巧。灵敏素质还需要其他运动素质的保证，如一定的力量、速度和耐力等都是良好的灵敏素质所必需的。灵敏素质还受性别、年龄、体重、疲劳等因素的影响。一般认为，男性比女性的灵敏性要好，少年时期的灵敏素质发展最快，体重过重对灵敏性不利，身体疲劳时灵敏性也会有所降低。

三、发展灵敏素质的注意事项

（1）练习方法、手段应多样化并经常改变。

（2）掌握本专项一定数量的基本动作。

（3）抓住发展灵敏素质的最佳时期，要从少儿抓起。

（4）在灵敏素质练习时应注意消除练习者的紧张心理。

（5）合理安排训练时间，让练习者在体力充沛、精神饱满、运动欲望强的状态下进行练习

（6）灵敏素质练习应具有专项化的特点，使训练效果与专项要求一致。

四、灵敏素质练习的方法

一般采用各种快速起动、急跑急停、突然转身或变向跑、绕桩跑、翻越各种障碍物、攀登、判断反应游戏等方法来发展灵敏素质。

（一）立卧撑

练习目的：提高上、下肢及全身的协调配合能力。

练习方法：练习者原地站立，然后下蹲，双手撑地，两腿向后伸直，再收腿成下蹲，双手离地，站立。20～30次为一组，每次练习3～4组。

要求：用最短的时间完成规定的动作。

（二）抓球练习

练习目的：提高手和眼睛的协调配合能力。

练习方法：教练员和练习者面对面站立，教练员伸直手臂前平举，双手各握一球（网球最佳），掌心向下。练习者将双手举在头部两侧，眼

睛与球保持在同一高度，教练员随意松开一只手使球下落，练习者在球落地前将其抓住。

要求：教练员右手放球，练习者用左手抓球；教练员左手放球，则练习者用右手抓球。若想提高练习难度，可以要求练习者同时抓住两个下落的球，每次重复练习8～12次。

（三）"六边形"跳跃

练习目的：提高踝关节的力量和灵敏性。

练习方法：用粉笔在场地内画出一个边长为40厘米的"六边形"，练习者站在"六边形"的中间，依次跳上六边形的每一条边线，并保持身体的方向不变。可以采用单脚跳或双脚跳，顺时针方向和逆时针方向各跳2组。

要求：尽量用踝关节发力完成跳跃动作。

（四）绕球移动

练习目的：提高脚步的灵敏性。

练习方法一：将一个网球放在地上，练习者围绕网球采用小碎步转圈移动，先顺时针方向练习，再逆时针方向练习。

要求：练习时脚不能触球，身体始终向前。

练习方法二：将两个网球放在地上，间隔两个脚长。练习者采用小碎步围绕两个网球做8字移动。

要求：练习时脚不允许触球。

除此之外，还可以采用各种对抗性竞赛练习，一般采用篮球、足球、拳击、散打、擒拿、柔道、摔跤等比赛来发展灵敏素质。

第六节　核心力量

一、核心力量与核心稳定性的概念

（一）核心力量

在解剖学上，人体"核心"区域是指腰椎、骨盆、髋关节所构成的连接上下肢的枢纽部位，以及附着在这些部位周围的肌肉、肌腱及韧带等组织。核心力量是指附着在人体核心部位的肌肉、韧带等组织在神经的支配下收缩所产生的以稳定人体核心部位、控制重心、调节平衡、传递上下肢力量为目的的力量能力。

（二）核心稳定性

核心稳定性是指人体在运动过程中通过核心部位的稳定，为上下肢的力量传递创造条件，并为身体重心的移动和稳定提供力量的身体姿态。

（三）核心力量与核心稳定性的关系

核心力量的概念最早源自1992年潘嘉比（Panjabi）对核心稳定性概念的研究，之后，这一概念日益受到运动解剖学、运动医学、运动生物力学等研究领域学者的关注。核心力量与核心稳定性虽是两个不同的概念，但二者之间有着密切关联。核心稳定性的提高有助于核心部位的大肌群在某一个方向上形成合力，并传递力量；因而，核心力量的提高能增强核心部位的稳定性，从而更好地控制身体平衡。因此，可以认为两者之间是相互制约、相互渗透和相互促进的关系。

二、核心力量训练的原理

一些美国学者认为，从功能上，构成核心稳定性的力量就是核心力量。因此，核心力量训练一个极为重要的因素就是核心稳定性训练，这也是区别于传统力量训练的关键。

（一）从运动生物力学角度

运动生物力学研究发现，身体重心会随着人体姿势的变化而发生改变，运动时的变化范围更大，有时还会移出体外。人体在通过姿势性协同运动模式来调节身体平衡时，无论采用哪种调节机制来控制身体平衡，均需要人体核心部位力量的支撑，因为躯干是人体生物运动链上的枢纽环节，它对力量的传递起着重要作用。在踝调节机制中，对于向前或向后的干扰，固定组合的肌群会作出相应的反应，肌肉由远端至近端的顺序进行收缩。例如，当站立者受到干扰而向后倾斜时，胫骨前肌、股四头肌、腹肌会按照顺序依次收缩，以阻止身体重心进一步向后倾倒。由此可见，核心力量在踝调节机制中起到间接辅助的作用。在髋调节机制中，人体主要是通过髋关节的屈伸活动来调整身体重心的，而髋关节属于人体核心部位，因此核心力量的作用不言而喻。例如，为了对抗身体向前的摆动，核心部位的腹肌和股四头肌会依次收缩；而为了对抗身体向前的摆动，核心部位的脊柱旁肌和腘绳肌会依次收缩，肌肉收缩的顺序均是由近端至远端。跨步调节机制是当外力干扰过大，髋调节机制已不能应答平衡的变化时，为避免跌倒所采用的一种动作模式，而强大的核心力量能够帮助人体更加快速、稳定地启动这一调节机制。由此可见，躯干部位的力量和平衡稳定性尤为关键，因为它是人体生物运动链上的枢纽环节，对力量的传递起着至关重要的作用。人体在运动时，由于重心的变化，身体始终处于平衡→失衡→重建平衡的动态变化中，而在这个变化过程中，人体主要依靠核心力量来调整姿势和维持身体的平衡与稳定。波达克（Bodak）认为，高度不稳定支撑状态下的力量训练是激活核心稳定肌的有效方式。[1]

因此，核心力量训练的一个非常重要的方式就是在非稳定环境或状态下进行训练。相关的实验研究也证明了，人体在不稳定状态下进行训练比在稳定状态下进行同等负荷训练时，参与活动的肌肉数量及同块肌肉的肌电活动均明显增加。

（二）从运动解剖学角度

从运动解剖学角度可以发现，人体的核心肌群共有33对+1块。这

---

[1] 代俊.老年人防跌倒健身体操[M].上海：上海交通大学出版社，2015.

些肌群除腰椎、骨盆、髋关节部位的肌肉以外，还包括股直肌等大腿部位的部分肌肉，这些肌群分布在人体的矢状面、额状面和水平面3个维度及不同层面。

因此，核心力量训练特别强调对核心区域深层小肌肉群的训练，并且重视二维、三维等多维度的运动。

（三）从运动生理学角度

从最早的潘嘉比及之后的学者对核心稳定性的生理机制研究得知，核心稳定性是由控制系统（神经控制系统）、主动子系统（肌肉动力系统）、被动子系统（骨骼韧带支撑系统）及调节子系统（呼吸调节系统）4个系统构成的，核心稳定性的优劣取决于系统间的协作，还取决于身体的灵活性、柔韧性和协调性等因素的共同作用。已有研究证明，训练不仅可以提高肌肉动力系统，也能改善神经控制系统。

因此，可以认为核心力量训练的目的是提高机体的整体工作效率。训练重点强调人体核心区域及附属关节、韧带、深层小肌肉群的肌间协调，并通过改善神经肌肉系统间的协调性，促进人体的爆发力、力量耐力、协调性及柔韧性等素质的协调发展。

综上所述，核心力量训练是针对机体核心区域的肌肉及其深层小肌群进行的力量、平衡、肌间协调与稳定性等能力的训练，是在机体处于非稳定环境或状态下，通过神经、肌肉、骨骼韧带、呼吸4个系统持续调控，达到稳定重心、调节身体平衡、提高姿势控制力、传递力量的目的的非平衡性力量训练。老年人如果有较好的核心力量做保证，躯干就能够得到更稳固的支撑，使四肢从维持身体平衡的工作中解放出来，肢体活动也就更加自由、协调。因此，如何正确引导老年人进行有效的核心力量训练极为重要，这不仅有利于增强老年人良好的姿势控制能力，还能有效改善其平衡及协调能力，从而防止跌倒事故的发生。

三、核心力量训练方法和传统力量训练方法的区别

核心力量训练方法与传统力量训练方法区别在于训练环境、器材选用、针对部位、训练目的不同（如下表3-1所示）。

表3-1　核心力量训练和传统力量训练的区别

不同点	传统力量训练	核心力量训练
环境不同	稳定环境	非稳定环境
器材不同	哑铃、杠铃等	瑞士球、悬吊器等
部位不同	全身任何部位	核心部位
目的不同	增大肌力	提高神经募集肌肉能力

第四章 体育康复理论基础

对于严重病患和损伤者而言，卧床是渡过伤病危险期的必要措施，是最常用的保护性治疗措施，其可减少体力消耗或脏器功能损害，稳定病情，有利于疾病的恢复。但长期制动及卧床可引起"废用综合征"，不仅影响疾病的康复过程，增加新的功能障碍或加重残疾，还可能产生并发症，累及全身各个系统的功能，其后果将比原发病或外伤更为严重。

第一节 肌肉生理学基础

一、肌肉的功能解剖

肌肉与关节、骨骼、韧带组成了人体的运动系统，在神经系统、心血管系统及其他组织系统的密切配合下，起着保护、支持和运动的作用。肌肉的基本功能是收缩与舒展，收缩时长度缩短，横断面增大，产生张力。人体全身肌肉（骨骼肌）约有639块，其重量约占成年男子体重的40%，成年女子体重的35%，而四肢肌肉占全身肌肉总重量的80%，其中下肢占50%，上肢占30%。

肌肉的基本功能是将化学能转变为机械功和力，骨骼肌具有支持骨骼相关力的作用，以其收缩产生拉力作用于骨而带动身体的运动，这就要求骨骼肌具有一定的收缩力、肌张力、延展性、弹性和收缩速度。

骨骼肌是支持身体运动的肌肉，由收缩成分和弹性成分构成。收缩成分的基本单位是肌原纤维，由肌球蛋白微丝和肌动蛋白微丝组成，兴奋时肌丝滑行，引起收缩。弹性成分指的是肌腱和肌膜。肌肉的两端是肌腱，由肌原纤维平行排列组成，具有一定的弹性，与肌肉成串联关系，称为肌肉的串联弹性成分。肌膜包括肌内膜、肌束膜和肌外膜，由结缔组织组成，含有肌原纤维和弹性纤维，它包裹着肌肉的收缩成分，与收缩成分大致成并联关系，称为肌肉的并联弹性成分。

两种弹性成分可以保证肌肉保持一定的肌张力，随时可以收缩，保证收缩成分在收缩结束时能恢复原状。当收缩成分松弛时，使其不致被过度牵伸，从而减少肌肉损伤的危险。骨骼肌的主要功能是支持身体，维持姿势，进行运动。这就要求它具有一定的肌力和耐力。肌肉的结构是保证其肌力和耐力实现的重要物质基础。

人体运动的剧烈程度不同，其所需要的肌肉的收缩速度也不同。骨骼肌具有三类肌纤维：红肌纤维（Ⅰ型纤维或称慢缩肌纤维）、白肌纤维（Ⅱ型纤维或称快肌纤维）和中间型肌纤维，可适应不同功能的需要。同时，肌肉由于肌腱在牵张反射弧中感受器的作用及其受到的高位中枢 γ 神经元的调节，具有一定的肌紧张和硬度，这对于其完成支持和运动的功能至关重要。因此，当骨骼肌收缩时，其各种参数的变化与肌肉内各个成分的力学性能及肌肉所处的机能状态有关。

二、肌肉收缩的分类

（一）等长收缩

肌肉收缩时，肌张力明显增加，但肌肉的长度并未改变，关节不活动，称等长收缩。肌肉收缩时，肌肉本身未做功，所增强的能量全部变为热能。等长收缩为静态活动，可保持关节的位置。等长收缩的收缩时间与肌力成正比关系，收缩时间越长，肌力越大，直至最大张力点。

（二）等张收缩

等张收缩是指在后负荷存在时肌肉收缩产生张力，肌张力与后负荷相等时，肌肉缩短，张力保持不变。其收缩速度可变，肌肉做功，使肌肉带动关节活动。等张收缩有两种分类方式：一种分为向心收缩（肌肉收缩时起点和止点相靠近）和离心收缩（肌肉收缩时起点和止点远离），另一种分为开放链（肢体远端自由活动的运动，如哑铃运动）和闭合链（肢体远端固定时身体产生的运动，如蹲起、行走、跑跳、做俯卧撑等运动）。

（三）等速收缩

等速收缩是指人为地借助等速性训练器［（Cybex 机（赛伯斯健身器材）］将肌肉收缩的速度保持一定，以便测定关节的活动度及处于任意角度时的肌力（肌力矩），并进行训练。严格地讲，这不是肌肉的自然收缩形式，而是一种肌力评测和训练的方法。

三、影响肌力大小的因素

肌肉的基本功能是将化学能转变为力。肌肉末端对骨骼施加的力、肌肉收缩的长度及缩短的速度是其主要的生物力学特征。肌力是肌肉所能产生的最大的力强度,以肌肉最大兴奋时所能负荷的重量来表示。肌力的大小取决于力学、解剖学和生理学等条件的总和。

(一)力学条件

骨骼肌收缩前就加在肌肉上的负荷称为前负荷或前加负荷。它可使肌肉在收缩前就处于某种程度被拉长的状态,使肌肉在一定长度的状态下开始收缩,从而影响肌肉收缩时的强度。骨骼肌收缩前的适宜初长度对于张力的发挥是重要的。骨骼肌在正常机体内所处的自然长度大都相当于最适初长度。在体育运动中,常运用理想的最适初长度发挥最大的收缩张力。

例如,纵跳前的屈髋、屈膝、屈踝动作以拉长臀大肌、股二头肌、半腱肌、半膜肌而快速伸髋,拉长股四头肌、小腿三头肌以快速伸腿,而获得最大收缩张力,使跳得最高。投掷标枪、排球大力扣球、踢足球时肢体充分后摆动作等即与肌肉适宜初长度有关。

肌肉开始收缩时才遇到的负荷称为后负荷或后加负荷。一般来说,后负荷不能增加肌肉收缩前的初长度,但可阻碍肌肉收缩时的缩短。在一定范围内,后负荷越大,肌张力越大,当二者相等时,肌肉缩短,产生运动。缩短一旦出现,张力就不再增加,此时肌肉进行等张收缩,做功。

后负荷引起的张力增加与肌肉的缩短速度成反比关系。

后负荷越大,产生的张力越大;肌肉的长度越小,肌肉缩短开始得越晚。当后负荷为 0 时,肌肉达最大缩短速度 Vmax 随着后负荷的增大而减慢;当后负荷达到某一数值时,肌张力达最大限度,此时肌肉收缩速度为 0,肌肉不再缩短,为等长收缩。

由此可见,等长收缩时,后负荷较大,肌张力要比等张收缩时大。这也许就是等长抵抗训练在短时间内能够高效地获得肌力增强效果的原因。

以上描述的是向心收缩时张力与肌肉收缩速度的关系。在等长收缩的基础上,负荷继续增加,肌肉呈离心收缩,此时离心肌肉收缩速度与后负荷的应用成正比关系。

较慢的收缩可产生较大的力,因为收缩成分形成的收缩张力需经并联弹性成分(肌膜)传导至串联弹性成分(肌腱),如有足够时间,肌腱内的张力可达到最大。实际上此时肌肉产生的力即等于肌肉主动收缩张力和被动张力的合力。这里所说的被动张力发生于并联弹性成分与串联弹性成分。

骨骼肌在体内所处的自然长度相当于其最适初长,其收缩产生肌张力都是在自然初长的基础之上的,因此肌肉所产生的肌张力的大小主要取决于后负荷的大小。

(二)解剖学条件

1. 肌肉的生理横断面

肌力的大小同肌纤维的数量和粗细成正比。在活体上,肌肉是成群活动的,所以只能测定完成一个动作的肌群的力量,而无法测定单块肌肉的力量。但是通过对离体肌肉的研究发现,最大肌力与肌肉的横断面积成正比关系,这一横断面是横切所有肌纤维所得到的横断面,即生理横断面,在活体上,只能根据肌肉的内部结构和肌肉的围度及长度大致计算出来。

2. 肌肉中弹性成分的量与弹力

物体在撤去外力以后,能恢复原有的体积和形状的性质叫弹性。由于肌肉由收缩成分和弹性成分组成,因此整块肌肉做等长收缩和强直性收缩时的肌力,应考虑为其收缩张力(主动张力)和弹性成分的弹力(被动张力)的合力。肌肉内结缔组织的比例大小、弹性大小在一定程度上决定了肌力的大小。

3. 肌肉的拉力角

动作的不同时刻,肌肉对骨杠杆的拉力角不同,肌力(矩)发生相应的变化。因此运动中每一瞬间的肌肉拉力角不同,其肌力的大小也不同。肌肉的拉力角偏离直角时,其拉力分解为旋转分力和加固分力。拉力角小于45°时,旋转分力小于加固分力;拉力角大于45°时,旋转分力大于加固分力。人体大部分肌肉拉力角小于45°对关节的稳定性有较大意义。

(三)生理学条件

1. 神经系统功能状态

运动的完成要靠高级中枢的支配。在运动神经冲动的强度、频率适宜时,可募集更多的运动单位(一个运动神经元连同其支配的肌纤维称为一个运动单位）投入收缩。较弱的刺激只能动员较少的运动单位，但每个运动单位还是以最大限度发生反应的；刺激频率越高，激活的运动单位越多，肌张力也就越大。

2. 兴奋性和疲劳

肌肉是由多条肌纤维组成的，当肌纤维全部收缩时，肌力最大。肌肉的兴奋性正常，则肌纤维易于达到全部兴奋。肌肉的兴奋性决定于其本身的功能状态及支配肌肉的周围神经的功能状态。肌肉失去神经支配或肌肉的兴奋性下降均会引起肌力下降，肌肉疲劳后肌力也会降低。

（四）其他

1. 收缩前的肌肉长度（初长度）

肌肉是有弹性的物质，其收缩前在生理条件限度内被拉到适宜的长度，收缩时的肌力就大。当肌力被牵伸到静息长度的1.2倍时，肌力最大。

2. 肌力做功时的力臂长度

肌力做功时的力臂长度即肌肉拉力线与关节轴心间的垂直距离。距离越长，力矩越大，所产生的肌力也越大。

四、制动和运动对肌力的影响

制动会引起肌肉的废用性萎缩（主要是Ⅰ型肌肉的萎缩），并导致肌力下降，可用神经肌肉电刺激预防。间歇性的等长收缩训练可维持Ⅱ型肌肉的代谢能量，从而对其萎缩起到预防的作用。总之，伤后的早期活动是预防废用性萎缩的最好方法。

长期运动后肌肉的肥大可引起肌力的增强。哈姆（Ham）认为，这种肥大是训练造成的，它使每个肌原纤维肥大，使整块肌肉的解剖横截面积增大而导致肌力增强；戈尼亚（Gonyea）认为，训练不仅造成每个肌原纤维肥大，而且使肌原纤维的数目增多，从而使肌肉的生理横截面积增大引起肌力增强。

第二节　神经生理学基础

一、感受器

神经系统通过感受器接受内外环境的变化。感受器具有换能作用，可以将各种信号"翻译"成神经能够识别的"语言"向中枢神经传递。中枢部位对输入的信息进行分析、处理形成新的信息，再经传出神经到靶组织，引起肌肉或腺体的活动。感受器按照感受信息性质可分为：本体感受器，如肌腱器官；内脏感受器；外感受器，如机械刺激感受器、温度感受器、痛觉感受器、嗅觉感受器、听觉感受器。下面将主要介绍本体感受器和痛觉、温度感受器。

（一）本体感受器

本体感受器是指接受身体本身活动刺激的末梢器官，主要分布在骨骼肌、肌腱、关节、内耳迷路、上位颈椎及皮肤等处，可感受机体本身的运动引起的机械应力刺激以及触摸、挤压、牵拉、放置、振动、拍打、摩擦等刺激，其反射弧受中枢神经系统的调控，反射活动具有调整肌肉长度与力度、感知肢体相对位置和整个身体空间位置的功能，并最终达到维持姿势和调控运动的目的。

骨骼肌有两种本体感受器，即肌梭和高尔基腱器官，它们在维持肌张力和协调运动方面起主要作用。关节感受器主要是感知运动觉和位置觉。前庭器官和颈感受器主要起调整姿势反射、维持平衡的作用。皮肤感受器具有外感受器和本体感受器的双重作用，既能向感受皮层传入信息，又能用体表信息直接参与调节身体的反射活动，如脑组织病损后，双侧身体感觉输入异常，可能出现双侧半球感觉整合能力障碍。

物理治疗中的神经肌肉易化技术常使用刺激本体感受器的方法，利用正确的感觉传入来调整肌张力，提高肌肉的随意控制能力。例如，肌张力低下时用快速拍打皮肤或肌肉的方法，促进骨骼肌收缩；或沿骨骼轴线反复挤压关节，刺激关节和皮肤感受器，使运动神经元兴奋，增强肌张力及对运动的控制。

（二）痛觉和温度感受器

痛觉和温度与其他躯体感觉一样，具有独立的感受器，前者又被称为伤害性感受器。伤害性感受器是一种能够鉴别有害和无害刺激的神经感受器，由伤害性感觉纤维终端所发出的游离神经末梢构成。伤害性感觉纤维包括有髓纤维中较粗大的 Aδ 纤维和较细的无髓 C 纤维。

疼痛产生的机制比较复杂，且尚未形成共识。国际疼痛研究会（IASP）把疼痛定义为："一种与实际或潜在的组织损伤相关的不愉快的感觉和情感体验，或用此类损伤来描述的自觉症。"疼痛是一种复杂而不愉快的感受，是知觉和情感上的体验，并伴有自主的、心理的和行为的反应。

在康复治疗中，改善肌张力的温热或冰水疗法、提高痛阈值的适应性训练常常用感受系统的作用机制来指导。有些疗法除了考虑前述各类感受器的作用之外，还应考虑视觉的作用及精神心理对感觉输入的影响。这种试图通过加大多种感觉的刺激输入来换取运动的输出的疗法，称为"多种感觉刺激疗法"。

疼痛的其他治疗方法也可以调节或影响疼痛的机制，如药物疗法、神经阻滞疗法、神经外科疗法、CT（计算机断层扫描）引导下脑立体定向外科毁损术、刺激疗法和慢性疼痛的心理治疗等。

二、反射活动

反射是对特定刺激的不随意、固定刻板的反应。在正常发育的过程中，原始的脊髓和脑干反射逐渐被抑制，而较高水平的调整和平衡反应变得越来越成熟，终生存在。这些反应是运动功能的重要基础。

反射由感受器、传入神经、神经中枢、传出神经和效应器组成。反射具有一定模式，在神经中枢被整合，从而影响运动；反射弧中的中间神经元数目越多，兴奋通过反射弧越慢，通路就越复杂。

（一）脊髓反射

脊髓反射的主要作用是抵抗重力，支持身体维持姿势，逃避伤害性刺激。正常时，它受高位中枢的抑制，不易表现；一旦切断与高位中枢的联系，则脊髓中枢活性增高，脊髓反射易于表现出来。

1. 牵张反射

牵张反射是指骨骼肌在受到外力牵拉时，会产生反射性收缩的现象。它有两种类型：一种是腱反射，另一种是肌紧张。腱反射是指快速牵拉肌腱时发生的牵张反射，表现为受牵拉的肌肉快速明显收缩，故又称为位相性牵张反射。例如，膝跳反射（当膝关节股四头肌的肌腱受到叩击时，股四头肌受到牵拉，该肌就发生一次快速收缩）。

肌紧张是指缓慢持续牵拉肌肉时发生的牵张反射。其表现为受牵拉的肌肉发生紧张性收缩，故又称为紧张性牵张反射。例如，人体直立姿势的维持（人体直立姿势时，由于重力的影响，支持体重的关节被重力所弯曲，进而使伸肌受到持续牵拉，从而产生牵张反射引起该肌收缩，以对抗关节屈曲，维持直立姿势）。

2. 屈肌反射

皮肤感受器受到刺激时所引起的屈曲反射（关节的屈肌收缩）称为屈肌反射。屈肌反射有避免伤害刺激的保护作用。

当刺激达到一定强度时，可引起对侧伸肌反射。它属于姿势反射，在行走、跑步时具有支持体重的作用。屈肌反射亢进时，会出现巴宾斯基征阳性。

3. 节间反射

脊椎动物的上下肢活动常常表现一定程度的协调性，称为节间反射。例如，牵拉近端关节屈肌可引起同侧肢体的反射性屈曲，在快走、跑步时该反射较明显。偏瘫患者的共同运动、联合反应与节间反射有关。

4. 联合反应

联合反应是指当身体某一部位进行抗阻力运动或主动用力时，诱发患侧肌群不自主的肌张力增高或出现运动反应。主动用力的部位可以在健侧或患侧，患侧被影响的肌群可以处于放松或收缩状态。联合反应是伴随患侧肌群肌张力的出现而出现的，并且痉挛的程度越高，联合反应就越强、越持久，随着痉挛的减弱，联合反应逐渐减弱，但只要痉挛存在，联合反应就不会消失。

软瘫期不存在联合反应。诱发患侧不同部位的肌肉出现联合反应所需的刺激强度是不同的，诱发刺激的肌肉和出现联合反应的肌肉在脑内的功能支配区距离越近，所需的诱发刺激强度越小。例如，右上肢运动时，引起其他部位出现联合反应的由易到难的顺序为口面部、左侧上肢、右侧下肢和左侧下肢。

联合反应基本上只有一种固定的模式。例如，在健侧上肢屈肘对抗阻力用力伸展时，患侧上肢固定地表现为胸大肌的收缩。又如，健腿用力内旋时，患腿也内旋。健侧屈肌强烈收缩引起患侧屈肌共同运动模式，反之，健侧伸肌强烈收缩引起患侧伸肌共同运动模式。

换句话说，虽然患侧的反应与健侧的运动十分相似，但并非严格相同。这是因为联合反应是较为原始的运动模式。联合反应在上肢几乎是左右对称的，在下肢内、外旋时是对称的，下肢内、外旋时的联合反应称为雷米斯特（Raimiste）反应，但在屈曲时大多是相反的（屈曲—伸展，伸展—屈曲，这称为相反性联合反应）。此外，在同侧上下肢之间也有联合反应，称为同侧性联合反应。

5. 共同运动

共同运动是指肢体在做随意运动时不能做单个关节的分离运动，只能做多个关节的同时运动。它是脊椎水平的运动形式，它的起动可由意志支配，但其运动形式是固定的多关节同时运动的模式，不能依主观意志支配单个关节的运动。因此，共同运动包括随意性和不随意性两方面，其形成机制与脊髓的节间反射有关。共同运动分为屈曲型和伸展型，其固定模式见下表 4-1。

表 4-1 基本的共同运动类型

	屈肌共同运动	伸肌共同运动
上肢		
肩胛带肌	向上和向后	前方突出
肩关节	屈曲、外展、外旋	伸直、内收、内旋
肘关节	屈曲①	伸直
前臂	旋后	旋前
腕关节	掌屈，尺屈	背屈，桡屈
手指	屈曲	伸直
下肢		
骨盆带肌	上提	

（续表）

髋关节	屈曲、外展、外旋	屈曲，内收，内旋
膝关节	屈曲	伸直
踝关节	背屈，内翻②	趾屈，内翻
足趾	伸直（背屈）③	屈曲（趾屈，抓挖）

注：①肘关节和手指的屈曲，个体差异很大。②内翻无论哪种类型都能发生，外翻在共同运动时不能发生。③趾有时背屈。

联合反应和共同运动为脊髓水平的低级反应及运动形式。正常时，由于高位中枢对脊髓有抑制作用而被掩盖，一般来说，只有在大脑皮层和其他高级中枢对低位中枢的抑制力及对运动的控制力丧失时，才使二者表现出来，为中枢性瘫痪的特征之一。

（二）延髓脑桥水平的反射

为了维持姿势，人必须对来自四肢、躯干的本体感觉和前庭及视觉系统的信息进行中枢性整合，这种整合主要发生在脊髓和脑干，并且受小脑和大脑皮层的控制。

1. 阳性支持反应

延髓动物的一侧足底及跖趾关节接触地面时，会立即引起该侧下肢强直。因此，在偏瘫早期摆放体位时，不提倡让患者足蹬足底板的做法，以防止因足底刺激强化患者的下肢伸肌痉挛。

2. 紧张性颈反射

该反射主要是维持各种姿势，调整四肢、躯干肌张力的变化。在除去动物迷路或切断听神经后可出现。

（1）对称性紧张性颈反射（Symmetrical Tonic Neck Reflex，

STNR）：头后仰时，上肢伸肌紧张性增加，下肢伸肌紧张性降低（前肢伸展后肢屈曲）；头前俯时，上肢伸肌紧张性降低，下肢伸肌紧张性增加（前肢屈曲后肢伸展）。

（2）非对称性紧张性颈反射（Asymmetric Tonic Neck Reflex，ATNR）：颈扭曲时，下颌所指一侧上肢伸直，对侧上肢屈曲。

这类反射可在成人偏瘫时出现，如站立时低头可诱发下肢伸肌痉挛（STNR作用）；面部转向健侧时，则患侧屈肌紧张（ATNR作用）。

3. 紧张性迷路反射

紧张性迷路反射是头部位置的改变诱发出来的。该反射来源于内耳迷路器官，整合于脑干。仰卧时，全身伸肌张力增高，头向后仰，脊柱伸直，肩后缩，四肢以伸肌模式伸展；俯卧时，全身屈肌张力增高。

如果患者有严重的痉挛，尤其是下肢痉挛，可能只有伸肌张力减低。因为该反射是由头部在空间的相对位置引发的，其作用也可见于站位和坐位。

如果患者伸颈，头后仰，则腿的伸肌张力增高，所以脑卒中早期的抗痉挛体位不提倡仰卧位。鲍巴斯（Bobath）等人主张利用姿势反射调整肌张力，改善动作或姿势，其机理与上述反射密切相关。

4. 抓握反射

通过压迫刺激手掌或手指腹侧（本体感受器和触觉感受器）引起手指屈曲内收活动，称为抓握反射。在随意抓握出现后，该反射逐渐消失。

脑瘫、偏瘫患者可能出现该反射，如在患侧手掌放置东西时，可出现腕关节手指屈曲倾向，因此现已不提倡脑卒中早期手握毛巾卷的做法，因为有的患者在主动伸展手指时，经常伴发较强的抓握反射，导致手中物体无法松开。

（三）中脑水平的反射——翻正反射

当人或动物的正常体位被破坏时，通过一系列协调运动将体位恢复常态的连锁反射称为翻正反射。例如，将猫置于仰卧或侧卧位时，它会很快地翻正过来，这是翻正反射活动。

翻正反射活动的顺序是，先是头部的位置变化刺激了迷路感受器，反射性地引起颈部扭转（头翻正反射活动），颈肌本体感受器接受刺激后，又进一步引起身体前部的翻正，前部的翻正又引起后部身体的翻正（身体翻正反射）。

翻正反射的中枢在中脑，通过视觉可引起翻正反射，因为视觉能感知机体在空间的位置。大脑皮质也可以调节翻正反射。在体育运动中，很多动作是在翻正反射的基础上形成的，如跳水运动员的空中转体动作常运用翻正反射来完成。翻正反射可分为以下几个方面。

1. 迷路翻正反射

由于迷路接受空间感觉而诱发的反应。与躯干位置无关，当遮住双眼，切断颈髓后根时，只要迷路正常，头就能调整成正常位置。该反射终生存在。

2. 颈翻正反射

头向任何方向转动都会刺激颈肌本体感受器，由此引发的一连串躯干的反射性运动被称为颈翻正反射。

3. 躯干翻正反射

即使头部位置不正常，躯干亦能力图保持正常的反射被称为躯干翻正反射。它通过体表触觉刺激而诱发非对称性反射。

例如，仰卧位被动地使头向一侧转动且保持该状态，躯干节段也会按照颈、胸及腰部顺序随之转动，完成翻身动作。

4. 视觉翻正反射

若将动物两侧迷路破坏，其通过视觉，使头部保持正常位置的反射，若将双眼遮住就不易保持头的正常位置。

在康复医疗中，可借助翻正反射顺序训练床上翻身动作及调整姿势、保持平衡，改善起坐、站立等日常生活动作。

（四）大脑水平的反射——平衡反应

人体在维持各种姿势和完成各种动作时，需要感知自身姿势，将运动的本体感觉、视觉及触觉的信息在中枢神经系统中整合处理，再对全身肌张力进行不断调整。大脑水平的反射活动在出生后 6～18 个月内出现，并且终生存在。

大脑水平的平衡反应有以下几个方面。

1. 降落伞反应

人在垂直位置急剧下落时，四肢外展、足趾展开，呈现与地面扩大接触面积的准备状态。该反应被称为降落伞反应。

2. 防御反应

人在水平方向上急速运动时产生的平衡反应，包括坐位反应、四肢立位反应、膝立位平衡反应等。

3. 倾斜反应

人在支持面上保持某种姿势，改变支持面的倾斜角度所诱发出的躯体姿势反应被称为倾斜反应。

三、运动传导通路和皮层运动区

（一）运动传导通路

运动传导通路包括锥体系和锥体外系。

（二）大脑皮层运动区

大脑皮层按照布罗德曼分区（Brodmann）分为52个区。中央前回是重要运动区（4区），同运动关联的区域还包括运动前区（6区、8区）、额上回、扣带回及额叶内侧面的补充运动区和前补充运动区等。

1. 皮层运动区

皮层运动区位于中央前回及中央旁小叶前部，主要机能特征如下：

（1）交叉支配：一侧皮层运动区支配对侧躯体肌肉，但也存在一定的同侧支配。

（2）倒置安排：运动区功能定位分布呈身体倒影，顶部为下肢代表区，底部为头面肌肉代表区；从前后看，肢体远端肌肉代表区在后部

（4区），近端肢体及躯干肌肉代表区在前部（6区）。

（3）运动的精细水平与机能代表区大小的关系：肌肉运动越精细复杂，其机能代表区越大，如手指的代表区几乎与整个下肢的代表区域相等。

（4）运动柱：运动柱与皮层表面垂直呈纵向柱状排列，为皮层运动功能的基本单位。同一运动柱的神经元具有同一种功能，一个运动柱受到刺激可兴奋或抑制单个肌肉或同一关节的数块肌肉，几个运动柱可同时控制一块肌肉。

2. 运动关联区

近代研究指出，在灵长类动物的皮层上存在着大量与运动的发生和调节有关的特殊功能区，包括补充运动区，前补充运动区，运动前区，扣带回运动区，顶叶5区、7区和额叶前区，等等。

（1）补充运动区位于大脑内侧面额上回的中后部，具有运动及语言的启动、运动区的传入和传出耦联、顺序性动作的计划和执行、凭借记忆组织复杂的运动序列等功能。

（2）前补充运动区位于额上回内侧、4区的前方。在脑的单细胞记录中发现，在即将发生的准备过程中，前补充运动区的单细胞放电较早并且频繁，这可能对运动记忆、感觉辨别、判断、运动的选择和学习有重要的作用。

（3）运动前区：一般认为在6区半球的外侧面。它在运动控制和运动准备中起重要的作用，损伤后运动的节律被严重破坏，双手交互运动（如系鞋带）丧失明显。

四、运动的控制与调节

随意运动是随本人意志而执行的动作,又称自主运动。大脑皮质的运动区是随意运动的中枢,但精细而协调的复杂运动必须有锥体外系和小脑系统的参加才能完成。随意运动的发起过程基本上可以分成运动的计划、运动的编程和运动的执行3个阶段。

运动的计划处于随意运动最高的战略性地位,它决定运动的目的和为达到该目的所应采取的最佳运动策略,大脑皮质联合区、基底神经节和小脑外侧都参与了这一神经活动过程。

运动的编程是指随意运动的具体战术性问题,它决定有关肌肉收缩活动的时间、空间和次序,以及为准确达到运动目的而对肌肉活动进行适时调节,大脑初级运动皮质和小脑都参与了这一神经活动过程。

运动的执行是随意运动的最后阶段,它具体地实现运动程序,并最终达到预期的运动目的。初级运动皮质、脑干和脊髓都参与了这一神经过程。

一般认为,运动传出的最高中枢是大脑皮层运动区。运动区直接向下传达指令,其对每块肌肉的控制都建立在必要的机能程序(模式)基础上,皮层中与运动相关联的准备活动和补充运动区、前补充运动区、运动前区等运动关联区的机能有关,据推测它与小脑共同对信息进行感觉运动整合,然后将特定的运动指令再传给运动区。

五、脑的可塑性

通俗地讲,脑的可塑性就是人脑中枢神经系统的可塑性,它包括结构的可塑性和功能的可塑性。我们说的脑功能异常、认知功能障碍，通常就是指脑的神经结构或功能出现了异常。可塑性，顾名思义，即可训练、可塑造，也即脑的结构和功能会随着学习、训练以及各种经验等因素进行动态的修复或重组。

（一）发育期可塑性

中枢神经系统若在发育阶段受到外来干预，则相关部位的神经联系会发生明显的异常改变。中枢神经系统的损伤若发生在发育期或幼年，其功能恢复情况比同样的损伤发生在成年时要好。研究表明，中枢神经的可塑性有一个关键期，在这一关键时期以前，神经对各种因素最敏感。在这一关键时期以后，神经组织可变化的程度则大大降低。各种动物神经发育和可塑性的关键期出现的时间不同，持续时间的长短也有差异。

在胚胎发育期，脑内神经回路的形成一般是由基因控制的，但这一时期神经回路的联系是相对过量的，过量的神经连接在形成成熟的神经网络之前，必须经过功能依赖性和刺激依赖性调整与修饰过程。因此，即使在发育期，环境因素与基因因素同样对神经系统的可塑性有决定性的影响。

（二）损伤后可塑性

在发育成熟的神经系统内，神经回路和突触结构都能发生适应性变化，如突触更新和突触重排。突触更新和突触重排的许多实验证据来自神经切除或损伤诱发的可塑性变化。

在神经损伤反应中，既有现存突触的脱失现象，又有神经发芽形成新的突触连接。神经损伤反应还可以跨越突触出现在远离损伤的部位，如外周感觉或运动神经损伤可以引起中枢感觉运动皮质内突触结构的变化和神经回路的改造，一侧神经损伤也可以引起对侧相应部位突触的重排或增减。

（三）结构的可塑性

脑结构的可塑性包括轴突和树突发芽，突触数量增多。这些变化可提高大脑对信息的处理能力。康复训练能使脑梗病灶周围的星形胶质细胞、血管内皮细胞、巨噬细胞增殖，侧支循环改善，促进病灶修复及正常组织的代偿，从而促进运动功能的恢复。

（四）功能的可塑性

脑功能的可塑性主要表现为脑功能的重组、潜伏神经通路的启用及神经联系效率提升等。

六、疼痛的基本理论

（一）相关概念

疼痛是临床各科患者最常见的主诉。人们常常将疼痛视为一种躯体症状，认为它与损伤的程度成正比关系。临床工作中，我们发现有些人损伤很大，但感受的疼痛很轻，甚至不诉说疼痛。有些人损伤很轻，但觉得疼痛剧烈。即使同样的刺激强度，不同的人所感受的疼痛体验不同；即使是同一个人，不同的刺激强度疼痛体验也不一样。

1. 疼痛的定义

国际疼痛研究协会（IASP，The International Association For the Study of Pain）给出的定义为："一种与实际或潜在的组织损伤相关的不愉快的感觉和情感体验，或用此类损伤来描述的自觉症。"[1]这一定义有两个要点。

（1）疼痛与损伤的关系具有高度可变性和不可预测性。

疼痛通常由外界的伤害性刺激或体内潜在的病损引起，但也有例外，损伤与疼痛的关系不是单纯的因果关系。由于人们大多体验过损伤后的痛觉，所以常用损伤的疼痛感受和语汇来形容与损伤无明显关系的疼痛。

（2）疼痛是一种复杂的多维度的病理生理状态。

疼痛涉及机体的感觉识别、情绪感受、认知评价、运动与自主性反应等方面，并常伴有一系列生理反应、心理活动和行为学改变，它比其他感觉更容易受情绪环境和过去经验的影响，有很大的个体差异。

痛阈：受试者首次报告引起痛觉的最小刺激量。

痛觉过敏：对伤害性刺激产生过强的疼痛反应。

痛觉超敏：又称痛性感觉异常，指在非伤害性刺激作用下产生痛觉。

触诱发痛：由可见的刺激诱发的疼痛，包括痛觉过敏和痛觉超敏。

自发痛：指在没有可见的刺激条件下产生的疼痛。

神经性疼痛：由中枢或外周神经系统损伤或疾病引起的疼痛综合征。通常包括自发痛和触诱发痛。

中枢性疼痛：由于中枢神经系统本身伤病造成的自发痛和对于外加刺

---

[1] 周多奇. 体育康复训练概论 [M]. 青岛：中国海洋大学出版社，2020.

激的过度疼痛反应，包括不愉快的触物伤痛。

急性疼痛是指最近产生并可能持续较短时间的疼痛，通常与手术、创伤或某些疾病导致的急性组织损伤有关。

慢性疼痛是相对于急性疼痛而言的。一种定义是，疼痛持续一定的时间（一般为3个月以上）即为慢性疼痛。另一种定义是，当急性损伤愈合后，疼痛仍持续存在，可称为慢性疼痛。

2. 区分急性疼痛与慢性疼痛有重要的临床意义

这两类疼痛对病人造成的影响、镇痛治疗的效果以及疼痛管理方式均有不同。

（1）急性疼痛和慢性疼痛对病人心理造成的影响不同

急性疼痛以焦虑、恐惧等情绪为主，疼痛缓解后情绪随即好转，疼痛持续时间较短。慢性疼痛常常成为慢性应激事件，诱发持续性的心理应激，抑郁、焦虑、愤怒等情绪在慢性疼痛病人中很常见。消极的心理情绪加重了慢性疼痛患者的不适感和功能障碍。

（2）急性疼痛和慢性疼痛的镇痛治疗效果不同

医学上的疼痛控制技术对急性疼痛控制较好，而对慢性疼痛效果不佳，对慢性疼痛强调个体化的疼痛控制方案与病人自我管理相结合的综合措施。

（3）急性疼痛和慢性疼痛对病人生活的影响不同

急性疼痛往往对患者的心理、行为、婚姻家庭、社会关系等方面造成影响。慢性疼痛往往使患者采取一种围绕疼痛的生活方式，过于自我关注，导致病人角色强化，社会角色减退，在家庭中与家人沟通不畅，性功能受损，在社会交往中容易出现消极情绪反应、影响人际关系、出现社交退缩等。

（二）疼痛的解剖生理学基础及调控

1. 痛感受器

痛感受器是指能够向中枢神经系统传递有效、确切、可分辨的伤害性和非伤害性刺激信号的神经结构单元，主要是游离神经末梢，但并非所有的游离神经末梢都是痛感受器。

痛感受器按照部位可分为体表痛觉感受器、躯体深部痛觉感受器和内脏痛觉感受器；按照传输纤维的直径，可分为主要传导刺痛等快痛感受器和主要传导灼痛等慢痛感受器。

传统观点认为，任何刺激（理化刺激）的强度达到一定的程度就成为伤害性刺激，可以作用于相应的感受器，引起痛感觉与痛反应。有专家提出（1970年），生理浓度的阳离子或带有阳离子成分的化学致痛物质（如高、低渗盐水，酸或碱溶液，钠、钾离子溶液，乙酰胆碱，5-羟色胺，等等）作用于游离神经末梢的阴离子受体部位，可引起疼痛。这种痛与各种伤害性刺激引起的痛完全一致，但刺激并未损伤组织。他由此提出，疼痛感受器是化学敏感的，而不是伤害性敏感的，这一学说有众多实验依据。

一般来讲，痛觉是由伤害性感受器的冲动激活中枢系统引起的，但是由神经损伤引起的疼痛多不依赖伤害性感受器的活动，而是神经系统可塑性变化的结果。

目前认为，痛感受器的神经冲动通过以下两类神经递质传递：

（1）兴奋性氨基酸作用于 NMDA（N- 甲基 -D- 门冬氨酸）受体和非 NMDA 受体发挥作用。

（2）肽类物质，最重要的是 P 物质，其作用于 NK-1 受体。如果 NK-1 受体（神经激肽受体）和 NMDA 受体同时激活，会引起强烈疼痛。

2. 疼痛的传导

疼痛的传导通路主要有 8 条，可分为 3 类。

（1）脊髓丘脑束

它在脊髓的痛觉传导中起主要作用。其中，新脊髓丘脑束主要传导有定位特征的痛感觉成分，旧脊髓丘脑束主要传导痛情绪成分。

（2）旁中央上行系统

它与慢痛和情绪反应有关。由新脊髓丘脑束、网状脊髓束、脊柱突触后纤维束、脊颈束构成的传导快痛的特异性传导通路与由旧脊髓丘脑束、脊髓中脑束、脊髓旁臂杏仁束、脊髓旁臂下丘脑束、脊髓下丘脑束构成的传导慢痛（也可传导快痛）的非特异传导通路间的功能和作用是相辅相成的。

（3）内脏痛的传导通路

它主要由交感神经中的 C 纤维传导。网状脊髓束、脊髓中脑束、脊髓旁臂杏仁束参与内脏的传导。

3. 疼痛的调控

疼痛的全过程都受到机体自身的调控，是机体对伤害性刺激的防御机制或代偿机制。从大脑皮层至脊髓的各级中枢和突触的传递都参加疼痛的调节活动。大脑存在一条从额叶皮质和下丘脑，通过中脑导水管周围灰质到网状结构再到脊髓背角的通路，以抑制脊髓背角伤害性神经元活动。

（1）大脑皮质的调控

大脑皮质对疼痛信号进行感知、整合、调控，发动机体躯体和心理的反应。在调控过程中，皮质的感觉区可选择性抑制伤害性刺激的投射效应，其在慢性疼痛中的作用尤为显著。同时，可通过皮质脊髓束的下行调控，改变对疼痛的认识过程。边缘系统可通过下行传导通路抑制脊髓后角，调控疼痛信息的传入功能。

（2）间脑的调控

下丘脑的一些核团存在对伤害性刺激敏感的神经元，参与疼痛信息的调控。刺激视上核、下丘脑的前、中、后部均可提高痛阈。丘脑的中央中核纤维抑制大脑皮质对束旁核的紧张性兴奋作用，或通过尾状核对束旁核的调控抑制疼痛。中脑导水管周围灰质的腹外侧区是镇痛区，其背侧在镇痛、情绪反应和逃避反应中发挥作用。

（3）脑干的调控

脑干在疼痛的下行调控中发挥重要作用。研究显示，中枢神经系统存在一个镇痛系统，由延脑头腹内侧核群（中缝核）及邻近的网状结构、一部分脑背被外侧网状结构（蓝斑核群等）、间脑及中脑的中央灰质组成，经脊髓背外侧束下行对脊髓背角信息传递和三叉神经背核疼痛敏感性神经元产生抑制作用。该系统既接受来自脊髓的上行信息，又接受来自高位中枢的下行信息，参与脊髓的疼痛调控。

（4）脊髓的调控

脊髓对疼痛的调控机制较复杂，在疼痛的研究中始终引人注目。闸门学说是阐明脊髓对疼痛调控机制的主要学说。脊髓后角是发挥调控作用的主要部位，角质层是脊髓各节段调控效应的中心环节，也受到高位中枢的下行调控。疼痛信息在进入高位中枢前已在脊髓受到调控，使疼痛信号的量、性质、时速在此进行调控和转换。在脊髓局部回路中，γ-氨基丁酸（GABA）激活γ-氨基丁酸β型受体（GABAβ受体），强啡肽和脑啡肽激活阿片μ受体并关闭C纤维末梢的钙离子通道，这在节段性调控中发挥重要作用。

4.疼痛的机理

疼痛的特定感受器是Aδ纤维和C纤维的神经末梢，分布在皮肤、肌层和内脏器官。创伤刺激作用于疼痛感受器，疼痛信号经脊神经节传入脊髓后角，并在此交换神经元，然后在脊髓内经多条传导束向高级神经中枢传递。当传导到视丘时，分为两路：一路由视丘到大脑感觉皮层，使我们感觉到疼痛的存在，另一路进入脑前额叶和边缘系统，引起情绪改变。脊髓处于疼痛调控的重要地位，脊髓后角的胶质细胞是调控效应的中心环节，疼痛传导也受到高级中枢的下行调控。

综上所述，疼痛不仅与躯体某一个部位有关，不仅由神经系统的某一条传导通路、神经核团和神经递质进行传递，也不仅由某一个中枢部位所调控，而且是由神经系统内特异与非特异系统等多重传导通路之间，大脑皮质和皮质下各结构之间多种往返联系相互调节的结果。后者为机体提供伤害性刺激的位置、强度等信息，提出逃避的方向，并帮助神经系统结合经验进行分析，从而对疼痛形成认知，产生痛行为学反应。在这一复杂的多重系统中，破坏任何一个环节都会引起整个系统的"雪崩式"变化，而代偿被破坏部位的原有功能是由机体内部调节机制和可塑性所决定的。

因此，一般而言，在疼痛治疗中永久性地损坏某一神经结构（传导通路）的方法是不可取的，其止痛作用短暂，往往造成疼痛复发或改换形式，通常使疼痛程度加剧，甚至成为顽固性疼痛。故疼痛治疗中的"调节感觉的输入"一般不指永久性"切断"某些通路，充其量是"暂时性地阻断"输入，这一基本点已为众多的临床及基础实验所证实。治疗的原则为，发展不影响其他感觉运动功能或全身状态的，不要求复杂设备和昂贵药物的方法。选取随机信号、杂乱波形，或选择某些特定频率的电刺激，少量多次循环使用可以降低病人对治疗的耐受性，大大提高疗效。

（三）痛觉学说

关于疼痛的发生，目前比较公认的是闸门学说。闸门学说认为，脊髓后角胶状质（SC）具有疼痛的闸门作用，它对传入神经纤维的感觉传入具有突触前抑制作用。外周传入既可直接作用于二级细胞（T淋巴细胞），又可改变SC对T淋巴细胞的抑制作用；闸门的开关受外周感觉输入与中枢下行抑制相互作用结果的制约。

1. 细纤维（C类）的输入

细纤维（C类）的输入除作用于T淋巴细胞外，还抑制SC对T淋巴细胞的抑制而对后者起正反馈作用，使闸门开放，产生痛觉。粗纤维（Aδ类）的输入，除作用于T淋巴细胞外，还兴奋SC对T淋巴细胞的抑制而对后者起负反馈作用，使闸门关闭而镇痛；还通过上行纤维的传入触发中枢的下行抑制过程（记忆、注意、传递经验等过程），以关闭闸门。

2. 闸门控制系统与疼痛的感觉

情绪及中枢控制之间具有多种联系，T淋巴细胞输出主要投射到感觉—分辨系统（经新脊髓丘脑系）和动机—情感系统（旁中央上行系统），粗纤维兴奋又可以触发中枢控制过程。

以上3个系统相互作用并都投射到运动系统，引起一系列的痛反应。例如，烦躁、抑郁、恐惧等情绪反应；身体屈曲、坐卧不安；呻吟、喊叫、咬牙；检视伤区，抚摩、捶打、揉搓伤区，跛行；面红耳赤、大汗、心慌憋气、恶心呕吐、血压下降等植物性反应；诉说疼痛体验，估计后果，增加服药频率；睡眠习惯的改变（夜间痛醒多次）；发作时被迫停止活动、进餐；等等。

3. 疼痛程度受多种因素的影响

闸门控制学说认为，由 T 淋巴细胞所产生的输出的性质取决于多方面因素对其作用总和的结果。因此，采取多种措施作用于其发出的多个环节的综合疗法势必比单一方法有效得多。要避免轮番试用各种疗法，致使患者对每一疗法都出现耐受性而迁延不愈，使疼痛和残疾加重，患者对治疗的信心丧失。

应采用综合治疗进行"总攻"，以发挥多种疗法的协同作用，防止耐受与成瘾，其作用的整体性远远大于各种疗法的简单相加，对于缩短病程、减轻患者的痛苦，限制和减少残疾的发生，减轻家庭和社会的负担具有重要意义。

第三节 长期制动或卧床的不良生理和效应

制动是指人体局部或全身保持固定或限制活动。制动的形式有局部固定、长期卧床及肢体瘫痪。长期制动与卧床对机体的不良影响主要有以下几方面。

一、对肌肉骨骼系统的影响

（一）关节挛缩

肢体和关节长期制动，尤其是当关节本身有炎症或肌肉瘫痪，或肢体放置位置欠佳时，容易造成关节挛缩。例如，由于制动，肌肉维持在缩短的状态下 5~7 天就会显示肌腹变短，这是肌原纤维缩短的缘故。超过 3 周，在肌肉和关节周围，疏松的结缔组织就会变为致密的结缔组织，从而易致关节挛缩。

（二）肌肉萎缩及无力

在完全卧床休息的情况下，肌力每周减少 5%~10%，也即每天减少 1%~3%；若卧床休息 3~5 周，肌力即可减少一半。肌肉出现废用性萎缩，在股四头肌、背伸肌处尤为明显，同时肌耐力减退。

（三）骨质疏松

长期制动，由于缺乏肌腱牵拉和重力负荷作用，以及内分泌和代谢的变化，骨质的钙和羟脯氨酸排泄增加，导致骨质疏松。

二、对心血管系统的影响

（一）基础心率增加

基础心率即静息心率增加，主要与长期卧床后血容量下降、脉搏心排血量减少、自主神经功能失调（迷走神经张力降低或交感神经张力增加）等因素有关。基础心率增加使舒张期缩短，导致冠状动脉血液灌注量减少。

因此，长期制动或卧床者即便是从事轻微的活动也可能出现心动过速现象。

（二）直立性低血压

它是指在卧位突然转为立位时，因血压显著下降而出现的休克症状，如面色苍白、出汗、头晕、心悸、恶心、呕吐、脉压下降，甚至晕厥。正常活动状态下体位的改变，如由卧位转为立位可通过交感神经反射调节使血液重新分布，而长期制动或卧床者的自主神经调节功能出现障碍，以致不能维持正常的血压，引起有效循环量减少（血容量减少或分布异常），又因重力作用，血容量从中心转移至外周（下肢）而导致直立性低血压。

（三）静脉血栓形成

长期卧床后会使患者血容量减少，血细胞比容增高，血液黏滞度明显增加，肌肉泵的作用降低，下肢血液回流阻力增大，静脉血管容量增加，以及血流速度减缓，血小板聚集等，这些均可增加静脉血栓形成的危险，可导致血栓性静脉炎、深部静脉血栓，甚至出现肺栓塞。

三、对代谢的影响

（一）负氮平衡

卧床不动的患者每天约损失2克氮。第5～6天氮的损失量增加，而在第2周达到顶点。卧床3周，须经1周的活动才能恢复氮的正常代谢。

（二）负钙平衡

卧床患者尿钙排出增加，平均每周损失1.5克钙，而以第4～5周失钙最为显著。失钙是由于缺乏肌肉运动，以致长骨的骺部和干骺端的松质骨的钙丢失。规律的等张运动、等长运动或步行等可预防或延缓废用性骨质疏松和钙的丢失。

四、对泌尿生殖系统的影响

（一）泌尿系统结石

患者长期卧床致使骨质疏松，钙自骨中游离到尿中形成高钙尿症，同时因尿磷的排泄增加，易导致结石的形成。

（二）尿潴留和尿失禁

患者长期卧床会因缺少重力作用或腹肌无力导致尿潴留或残余尿量增加，还会出现尿道松弛、括约肌无力和充溢性尿失禁。

（三）泌尿系统感染

患者长期卧床或制动会因泌尿系统结石和尿失禁而使泌尿系统感染的机会大大增加。

五、对呼吸系统的影响

长期卧床能使患者潮气量、每分通气量及最大呼吸能力减少，肺活量及功能性残余气量减少15%～30%，呼吸较浅，呼吸频率增加，横膈活动范围下降，呼吸道内的分泌物积聚不易排出。

预防方法是：早期活动，并通过深呼吸、咳嗽、必要时引流等方法及时排出分泌物；在呼吸道阻塞较严重时，宜做胸部理疗。

六、对消化系统的影响

患者长期卧床缺乏活动，会因消化和吸收功能降低而导致食欲减退、营养不良。长期卧床或制动可使患者的生活习惯（饮食与饮水等）发生改变。此外，缺少下床活动，胃肠蠕动减弱也易便秘。

七、对内分泌系统的影响

（一）糖耐量变差

8周卧床休息能引起糖耐量变差，其严重程度与卧床休息时间成正比。缺乏运动可导致肌膜与胰岛素结合的部位减少，且胰岛素作用的质量下降。腿部大肌群的等张性运动可以得到改善。

（二）血清甲状旁腺激素增加

此与缺乏运动而引起的高钙血症有关。

（三）其他

缺乏运动可致雄性激素分泌减少及精子生成减少，而交感交肾上腺髓质系统分泌的儿茶酚胺增加。

八、对神经系统的影响

长期制动者会出现感觉异常和痛阈下降。由于感觉输入减少,加之原发伤病的痛苦和与社会的隔离,极易产生焦虑、抑郁和情绪不稳,出现感情淡漠、退缩、易怒,幻视与幻听等,还可引发心理障碍,甚至出现悲观厌世情绪。

上述表现的出现与制动时间的长短、伤残的病因、个案的年龄及患者自身的调适能力有密切关系。

此外,患者的认知能力、判断力、记忆力、学习能力和协调力等也会有不同程度的障碍。

九、对皮肤的影响

长期卧床者最常见的并发症是压疮。由于全身营养及代谢状态的改变,以及局部皮肤长时间受压和血液循环障碍等因素而造成皮肤的表层组织和血管防御能力减弱、破损、溃疡从而形成压疮。此外,局部皮肤细菌或真菌感染等因素也会促进压疮的发生。

十、对心智的影响

正常人强制卧床 5 周后,会出现焦虑不安、脾气暴躁、情绪低落和睡眠形态改变的现象,同时,对环境的刺激也变得不敏感。

肢体残疾患者常因疾病必须长久卧床,而扮演一种软弱病态的角色,显得依赖、无助，必须靠药物或别人才能去除因生理障碍而引发的心理障碍。在自我身体形象被破坏后，患者会优柔寡断，丧失了生命的意义，不知道人生观为何，不明白存在的价值，尤其是先天性或年幼时造成残疾的患者，他们很难学会社会生存之道。

综上所述，长期卧床或制动所造成生理方面的不良效应是显而易见的，如不及早采取预防措施，由此导致的并发症很可能比伤病本身更加难以康复。

第五章　运动损伤及康复、预防

在体育锻炼或日常的生活、学习和工作中，运动员们或者热爱锻炼的人们难免会遇到运动损伤或运动性疾病的困扰。它们为什么会产生呢？如何进行处理？怎样预防？本章将介绍有关的保健知识和处理方法。

第一节　运动损伤

一、运动损伤概述

体育运动过程中发生的损伤称为运动损伤。运动损伤的分类方法较多，常见的有：

（1）按损伤组织的种类分，如肌肉肌腱损伤、滑囊损伤、关节囊和韧带损伤、骨折、关节脱位、内脏损伤、脑震荡、神经损伤等。

（2）按损伤组织的创口界面分，可分为开放性损伤和闭合性损伤。开放性损伤指损伤组织有裂口与外界空气相通，如擦伤、刺伤、切伤和开放性骨折等；闭合性损伤指损伤的组织无裂口与外界空气相通，如挫伤、肌肉韧带损伤与闭合性骨折等。

（3）按运动能力丧失的程度分，伤后仍然能够按照教学训练计划进行体育锻炼的为轻伤；伤后不能按照教学训练计划进行体育锻炼，需要减少或停止患部活动的为中等伤；伤后完全不能运动的为重伤。

（4）按损伤病程分，可分为急性损伤和慢性损伤。急性损伤指人体在一瞬间遭受直接暴力或间接暴力的损伤；慢性损伤又分为劳损和陈旧性损伤，劳损是因局部负荷过劳或多次微细损伤积累而成的，陈旧性损伤是急性损伤处理不当转变而成的。

二、运动损伤的原因

了解运动损伤发生的原因是预防运动损伤的前提，造成运动损伤的原因很多，归纳起来主要有以下几方面。

（一）思想上不够重视

运动损伤的发生常与体育教师和体育锻炼者对预防运动损伤的意义认识不足有关。缺乏预防意识，在体育教学、运动训练、体育锻炼中没有积极地采取各种预防措施，特别是青少年，由于缺乏经验，思想上麻痹大意，盲目或冒失地进行体育锻炼；有时情绪急躁，急于求成，忽视了循序渐进和量力而行的原则；在练习中因畏难、恐惧、害羞等因素引起的犹豫不决和过分紧张；器械练习时有注意力不集中等思想心理状态问题。以上这些常常是造成运动损伤的重要原因。

（二）准备活动缺乏或不合理

据国内有关调查资料统计分析，在体育锻炼中缺乏准备活动或准备活动不合理是造成运动损伤首位或第二位的原因。准备活动常存在的问题有：

（1）不做准备活动或准备活动不充分。在神经系统和其他器官的功能尚未达到适宜的水平时即进入紧张、剧烈的运动或比赛，此时由于身体器官存在惰性，肌肉韧带的弹性和伸展性都不够，身体协调性差，难以适应激烈运动的需要；由于对做准备活动的生理作用认识不足，导致做准备活动马虎敷衍，因而容易发生肌肉拉伤和关节扭伤，甚至发生伤害事故。

（2）准备活动的内容与正式运动的内容配合不当。这种情况会使运动中负担较重的部位的功能没有得到充分的改善。例如，冬天进行跳远练习前只做一般性的徒手练习，而没有做专门针对踝关节的准备活动，容易造成踝关节损伤。

（3）准备活动的量过大。身体在进入正式运动以前就已感疲劳，此时参加剧烈运动就容易受伤。

（4）准备活动距正式运动间隔过长。准备活动所产生的生理作用已经减弱或消失，失去了做准备活动的意义。

（三）运动负荷（尤其是局部负担量）过大

运动负荷超过了锻炼者可以承受的生理负担量，尤其是局部负担过大，常会引起因微细损伤的积累而发生的劳损。

（四）身体功能和心理状态不佳

在睡眠或休息不好、患病或伤病初愈阶段，肌肉力量、动作的准确性和身体的协调性显著下降，注意力减退、反应较迟钝等疲劳症状出现时，参加剧烈运动或练习较难动作就可能发生损伤。

（五）动作粗野或违反规则

在比赛中不遵守比赛规则或在练习中相互逗闹、动作粗野、故意犯规等，是篮球、足球运动常发生损伤的原因之一。

（六）环境等因素的影响

运动场地不平，有碎石或杂物，跑道太硬或场地太滑，沙坑太硬或有石块；器械维护不良或年久失修造成运动时断裂等，器械安装不牢固造成练习时倒塌，器械的高低、大小或重量不符合锻炼者的体格和体能要求；练习时保护措施不到位；运动时着装不合适，穿皮鞋、塑料底鞋等这些都极易造成损伤。

气温过高易引起疲劳和中暑；气温过低易发生冻伤或因身体协调性降低而引起肌肉和韧带损伤；潮湿高热易引起大量出汗，导致肌肉痉挛或虚脱；光线不良影响视力，使兴奋性降低、反应迟钝而导致受伤。此外，有害气体的污染也是值得注意的不良环境因素。

三、运动损伤的预防

（一）预防运动损伤的意义

体育锻炼对身体的影响有有益、无益或有害等3种结果，只有把握锻炼身体的科学方法，才能真正达到有益的效果。在体育锻炼过程中，预防是主动的,通过增强预防意识、加强预防措施,可以把运动伤害事故消灭在萌芽状态。如果在体育锻炼时不重视预防工作,不采取积极的预防措施,就可能发生各类损伤事故,轻者影响学习和工作,重者造成残疾甚至危及生命,对国家和个人都造成重大的损失。大量事例表明,人为因素是发生伤害事故的根本原因,因此,要积极主动地预防运动损伤,增强预防意识,并采取切实有效的措施,努力消除各种致伤因素,从而达到以防为主,防患于未然的目的。

(二)预防运动损伤的要求

(1)树立安全观念,克服麻痹思想,发扬互相帮助、互相保护的风尚。

(2)针对个体特点,合理安排运动量,防止过度疲劳或局部负担过重。在学习新动作时,要遵循从易到难、从简到繁、从分解到完整的学习过程的原则。

(3)做好准备活动,提高中枢神经系统的兴奋性,加强各器官系统之间的协调。克服各种功能惰性,增强肌肉弹性,提高运动能力并保持准备运动和正式运动的内容一致。

(4)加强保护与自我保护能力的培养。保护和自我保护能力是预防运动损伤的重要手段。例如,摔倒时应立即低头、屈肘、团身,以肩背着地顺势滚翻,切忌直臂撑地,以防造成手腕部和前臂脱位、骨折等损伤;从高处跳下时要用前脚掌着地,同时屈膝以增加缓冲作用。

(5)加强保健指导。经常参加体育锻炼的人要定期进行体格检查,了解体育锻炼前与锻炼后的身体变化，对体重、运动成绩、脉搏、食欲、睡眠、面色、锻炼欲望等要及时观察，并及时调整运动量，做到科学锻炼。对患有各种慢性病的人，应加强医务监督，进行定期的和不定期的体格检查。根据具体情况，采取针对性医务监督措施和开具运动处方。禁止患者带伤参加剧烈的运动和比赛。

（6）注意环境和场地设备卫生。锻炼时要对用具（护腕、护膝）进行安全卫生检查，应在符合要求的场地上锻炼，不穿皮鞋、塑料底鞋等不符合体育卫生要求的服饰进行运动。

第二节　常见运动损伤及处理

一、软组织损伤的处理

软组织损伤是运动损伤中常见的一种，根据损伤组织是否有裂口与外界相通可以分为闭合性软组织损伤和开放性软组织损伤两大类。

（一）闭合性软组织损伤的处理

闭合性软组织损伤是指关节韧带、肌肉、肌腱、滑囊等软组织的损伤，由于这些损伤无裂口与外界相通，故称为闭合性软组织损伤。在体育运动中较为多见，如挫伤、肌肉及肌肉筋膜拉伤、关节囊和韧带扭伤、肌腱腱鞘和滑囊损伤等。根据其发病的缓急，分为急性损伤和慢性损伤两类。

1. 急性损伤

急性损伤是遭受一次较大外力作用所致的。发病急，病程短，临床症状和体征都较明显。若处理不当，常演变成慢性损伤或留下不同程度的功能障碍。因此，及时而正确地处理急性软组织损伤是避免伤势扩大和减少后遗症（重者出现关节僵直和运动功能受限）的重要环节。

根据损伤的病理发展过程，急性闭合性软组织损伤的处理大致可分为早、中、后3个时期。

①早期

早期也称为急性炎症期，指伤后24～48小时。此期间组织内出血，局部出现红、肿、痛、热及功能障碍等征象。处理原则是制动、止血、防肿、镇痛和减轻炎症。治疗方法：一是采用冷敷，即受伤部位尽快用冷自来水冲淋约15分钟或用冰水、冰袋、白酒、50%～75%酒精冷敷。如果处于紧急状况，可就近买棒冰捆绑在肢体受伤部位，有条件时可用冷镇痛气雾剂、"好得快"等喷射受伤部位，喷射距离约10厘米，喷射时间3～5秒，重复使用至少间隔半分钟（此方法不宜用于面部和创口）。冷敷时要注意防止冻伤，尤其是在寒冷的冬季。急性软组织损伤原则上1～2天内不能搓拿和热敷。二是加压包扎，它是处理急性软组织损伤的关键，包扎得当可止血、防肿和缩短伤后康复时间。冷敷后伤处可用绷带、手帕、布条加压包扎约24小时。包扎时要注意松紧适当，包扎太松起不到加压作用，包扎太紧会引起局部血液循环障碍。一旦肢端出现青紫、麻木感，应及时松开，重新包扎。三是制动和抬高伤肢，当肢体受伤较重时，为防止局部继续出血，减少肿胀和疼痛，应限制肢体活动和抬高患肢数日，以促进血液、淋巴回流，有利于消肿，并且外敷伤药。疼痛较重者，可服止痛片，瘀血较重者可服跌打丸、七厘散等。在损伤急性期，一般不能做按摩，否则会加重出血和组织液渗出，使肿胀加重。

②中期

中期指受伤 24～48 小时后。此期间伤部出血停止，急性炎症逐渐消退，但仍存在瘀血、肿胀和功能障碍。处理原则是改善伤部的血液和淋巴循环，促进组织的新陈代谢，使瘀血与渗出液迅速吸收，同时及时清除坏死组织，促进再生修复。处理方法有理疗、按摩、针灸、药物痛点注射、外贴活血膏或外敷活血药等，其中热疗、按摩在此期间治疗中极为重要。同时应根据伤情的好转情况，尽早进行伤肢的功能锻炼，以促进伤口愈合和功能恢复。

③后期

此期间损伤组织基本修复，肿胀、压痛等局部征象已经消失，但可能有粘连或疤痕形成，且功能尚未完全恢复，锻炼时或运动后仍感到疼痛、酸胀无力，个别严重者会出现伤部僵硬或活动受限等现象。处理原则是恢复和增强肌肉、关节功能，处理方法以按摩、理疗和功能锻炼为主，并配合中药熏洗和保护支持带的应用等。

2.慢性损伤

慢性闭合性软组织损伤通常是由于急性损伤处理不当或长期反复的微小损伤累积所致。在急性损伤发生后，若未能得到充分休息和正确治疗，受伤组织在未完全修复的情况下继续承受负荷，就容易导致损伤反复，逐渐发展为慢性损伤。处理方法与急性损伤中后期基本相同，以按摩和痛点注射药物的治疗效果较好。

（二）开放性软组织损伤的处理

开放性软组织损伤是指局部皮肤或黏膜破裂，伤口与外界相通，常有组织液渗出或血液自创口流出。应急处理的要点是及时止血和处理创口，预防感染。先止血后处理创口是处理开放性软组织损伤的基本原则。在体育运动中，常见的开放性软组织损伤有擦伤、切伤、刺伤和撕裂伤。

二、常见的运动损伤

（一）胫腓骨疲劳性骨膜炎

胫腓骨疲劳性骨膜炎是开始参加运动训练的人因跑跳练习过多而引起小腿骨疼痛的常见损伤。

1.损伤机制

目前，人们公认胫腓骨疲劳性骨膜炎是局部骨组织过度负荷所致，但对引起过度负荷的外力来源及作用方式解释不一。主要有两种学说：一是肌肉牵扯学说。这一学说认为是过多的跑跳和后蹬跑使屈拇（趾）肌群、胫后肌等小腿曲肌反复收缩，从而引起附着处的骨膜长期受到牵扯、捩转或紧张，使该部骨膜和骨的正常联系遭到破坏。二是应力学说。应力学说认为胫骨是支撑负重骨，并呈轻微的 S 形侧弯，因而力的作用线与胫骨的中心轴线不重叠。在跑和跳的运动中，身体的重力和地面反作用力对胫骨凸面产生拉张力，对凹面产生压张力，同时，胫骨内部产生相对应的拉应力和压应力，构成了矛盾平衡的两方面。跑跳运动过多或受力不当使骨内部应力的提高跟不上外力的增加，导致矛盾平稳关系的改变，受到影响最大的是胫骨凸面最外层的骨膜，会引起骨膜松弛或分离、瘀血、水肿等一系列病理性改变，甚至发生局部骨质脱钙或断裂。

患单纯性骨膜炎后，若能及时调整下肢负荷量，减少跑跳运动，在炎症消退和组织修复过程中，可以产生适应性变化，使骨组织的负荷能力提高。

2. 征象

胫腓骨疲劳性骨膜炎一般无直接外伤史，但有跑跳运动过多的经历，发病缓慢，但症状逐渐加重，疼痛是本病的主要自诉症状。初期多在运动中或运动后出现小腿骨疼痛，休息后症状可消失，若再继续参加负荷较大的跑跳运动，则疼痛逐渐加重，部分患者会出现夜间疼痛现象，个别严重者跛行。急性期多有局部凹陷性水肿，以小腿下段较明显。胫骨内侧面、内后缘或腓骨下端有压痛。病程较长的患者，在胫骨内侧面上常能触摸到小结节或肿块，压之有锐痛。腓骨疲劳性骨膜炎患者，可见腓骨下端膨隆。后蹬痛是胫腓骨疲劳性骨膜炎的重要体征，即患者在用足尖用力向后蹬地时出现疼痛。早期病例在 X 光片上常无明显特征，晚期且反复发作的患者多有骨膜增生反应。症状长期不见好转、局限性压痛显著的患者应通过 X 光拍片检查是否存在疲劳性骨折。

3. 处理

早期症状较轻的病人无须特殊治疗，可用弹力绷带将小腿裹扎，减少下肢运动，休息时抬高患肢，多可痊愈。经常疼痛或运动后疼痛较重的病人，应休息并用弹力绷带裹扎小腿，抬高患肢，可配合中药外敷或熏洗、理疗、按摩、针灸等治疗。治愈后重新参加锻炼时，运动负荷要逐步增加，以免复发。

4. 预防

该损伤主要是由于训练方法和运动量安排不当所致。因此要合理安排运动负荷，全面发展，避免局部负荷过度；正确掌握跑跳技术，注意动作的放松和落地缓冲；避免在过硬的场地上进行跑跳练习；做好准备活动；防止受寒，运动后采用自我按摩等各种手段及时消除小腿肌肉的疲劳是预防胫腓骨疲劳性骨膜炎的重要措施。

（二）肌肉损伤

除了由直接外力作用引起的肌肉挫伤外，肌肉损伤还包括在间接外力作用下使肌肉发生拉伤。常见的拉伤部位是大腿后群肌、腰背肌、大腿内收肌等。

1. 损伤机制

肌肉损伤可分为急性和慢性两类。肌肉急性损伤分为主动用力拉伤和被动拉伤。主动用力拉伤是指肌肉做主动的猛烈收缩时，收缩力超过了肌肉本身的承担能力，如疾跑时用力后蹬使大腿后群肌拉伤等。被动拉伤是指肌肉受力牵伸时超过了肌肉本身的伸展限度，如跳高运动向上摆动腿时，会因原动肌猛烈收缩而对抗肌不能及时放松或伸展，致使对抗肌被拉长而引起拉伤。慢性肌肉损伤主要指肌肉劳损，肌肉劳损是过度负荷造成微细损伤的积累所致。

2. 征象

肌肉拉伤后，伤处疼痛、肿胀、压痛或痉挛，触之发硬。受伤的肌肉做主动收缩或被动拉长的动作时，疼痛加重。严重拉伤时，患者在受伤时可听到断裂声，疼痛和肿胀明显，皮下瘀血显著，运动功能发生严重障碍，肌肉会出现收缩畸形。肌纤维部分断裂时，伤处可摸到凹陷。若肌腹中间完全断裂，会出现"双驼峰"畸形；若一端完全断裂，肌肉会收缩成"球状"畸形。

3. 处理

在肌肉微细损伤或少量肌纤维断裂时应立即进行冷敷，加压包扎并抬高伤肢。24小时后可外敷中药，进行药物注射、理疗或按摩等。肌纤维大部分断裂或肌肉完全断裂时，经加压包扎等急救处理后，应立即将伤员送至医院及早做缝合手术。

4. 预防

在剧烈运动前，要充分做好准备活动，尤其是要结合练习的部位做热身活动。在锻炼过程中要注意肌肉的反应，若肌肉出现僵硬或疲劳，可进行按摩并减少运动强度；要合理、科学、正确地掌握运动技术要领；注意锻炼环境的温度、湿度和运动场地情况。治愈后再参加锻炼时要注意循序渐进，以防再伤。

（三）脑震荡

1. 损伤机制

脑震荡是脑损伤中程度最轻而又较多见的一种，是脑部受到外力打击后，神经细胞和神经纤维所引起的意识和功能的一时性障碍，不久即可恢复，多无明显的解剖病理的改变。在体育运动过程中，足球撞击、棒球打击或体操练习时从高处跌下等，都可能发生脑震荡。

2. 征象

伤后立即出现意识障碍。一般意识障碍都较轻，有一时性意识丧失（昏迷）或神志恍惚。意识障碍的时间长短不一，短则几秒钟，长则几分钟乃至20～30分钟。在意识丧失时，伤员呼吸表浅，脉率缓慢，肌肉松弛，瞳孔稍放大但左右对称，神经反射减弱或消失。意识清醒后出现逆行性遗忘，患者不能回忆受伤经过的情境，但能清清楚楚地回忆受伤以前的事情。头痛、头晕，在伤后数日内较明显，且在活动时症状加重；恶心、呕吐，伤后数天内多可逐渐减轻和消失。此外，还伴有情绪不稳、易激动、不耐烦、注意力不集中、耳鸣、心悸和多汗失眠等植物性神经功能紊乱的症状。

诊断脑震荡的依据是头部有明确的外伤史；伤后即刻确有短时间的意识障碍；意识清醒后出现逆行性遗忘；神经系统检查和血压、脉率、呼吸、脑脊液压力及细胞数等均属正常。

3. 处理

急救时，应让伤员平卧、保持安静，不可坐起或立起。头部冷敷，身上保暖。若有昏迷可指掐人中、内关穴，在呼吸发生障碍时，可进行人工呼吸。

伤员昏迷的时间超过4分钟，两侧瞳孔大小不对称，耳、鼻、口内出血及眼球青紫或伤员清醒后剧烈头痛、呕吐或再度昏迷，都说明损伤较严重，应该立即送医院。在转送医院时，伤员要平卧，头部两侧要用枕头或衣服垫起使之固定，避免颠簸振动。要注意保持意识不清者的呼吸道通畅；伤员要侧卧，以防止呕吐物吸入气管或舌头后坠而窒息，要密切观察病情的变化。

对无严重征象、意识丧失后很快恢复的伤员，经医生诊断后，应平卧送回宿舍休息，并应卧床休息到头痛、头晕等症状完全消失。可用"闭目举臂单腿站立平衡试验"来决定其能否参加体育活动，切忌过早参加体育活动和参加过多的脑力活动。

（四）骨折

骨或骨小梁发生断裂称为骨折。按骨折的原因，可分为外伤性骨折和病理性骨折。体育运动中所发生的骨折多为暴力作用引起的外伤性骨折。

按骨折的时间，可分为新鲜骨折和陈旧性骨折。按骨折的程度，可分为完全骨折和不完全骨折。按骨折周围软组织的病理，可分为闭合性骨折和开放性骨折。按骨折线的形状，可分为横形骨折、斜形骨折、螺旋形骨折等。

1. 损伤机制

引起外伤性骨折的暴力，按其作用的性质和方式可分为直接、传达、牵拉和积累4种。

2. 征象

骨折的表现可分为局部征象和全身症状两方面。局部征象有疼痛、肿胀、皮下瘀血、功能障碍、畸形（完全骨折时，骨折断端移位，出现伤肢缩短、侧突或成角或旋转畸形）、异常活动和骨擦声、压痛与震痛等。最后确诊需经X光拍片，以进一步了解骨折局部的病理状况变化。严重的骨折常伴有明显的出血剧痛、神经损伤，甚至伴有休克以及发烧、口渴、便秘等全身症状。

3. 处理

（1）防止休克：严重骨折、多发性骨折或同时有其他并发症的伤员易发生休克。急救时要注意预防休克。

（2）就地固定：骨折后应及时固定，避免断端移动，防止加重损伤，可减轻疼痛，便于伤员转运。因此，未经固定，不可随意移动伤员，尤其是大腿、小腿和脊柱骨折的伤员，避免伤势加重。

（3）先止血再包扎伤口：伤员有伤口出血时，应先止血，清洗创面，再包扎伤口并固定。

4. 注意事项

用来固定的夹板的长短、宽窄要适宜，便于骨折处上下两个关节都固定，若无夹板，可用树枝、竹片等代用品，夹板要用绷带或软布包垫，夹板的两端、骨突部和空隙处要用棉花或软布填妥，防止引起压迫性损伤。

（五）膝关节半月板损伤

半月板是膝关节内的半月形软骨板。半月板损伤多发生于足球、篮球、体操和田径等项目。

1. 损伤机制

如果膝关节在屈伸过程中同时伴有扭转和内外翻动，半月板就会出现不一致的矛盾活动，导致半月板在股骨、胫骨平台之间发生剧烈研磨，造成损伤。当膝关节屈曲，小腿固定于外展、外旋位，大腿突然内收、内旋并伸直膝关节时，就可能引起内侧半月板损伤。若小腿固定于内收、内旋位，大腿突然外展、外旋并伸直膝关节时，就可能引起外侧半月板损伤。此外，膝关节突然猛力过伸及肌腱的前后割裂可引起半月板前角损伤或半月板边缘分离。

2. 征象

多数患者有明确的外伤史。半月板损伤常伴有滑膜损伤，或半月板活动牵拉滑膜而产生剧烈疼痛。受伤早期由于产生急性创伤性滑膜炎和韧带损伤，会出现关节积血肿胀；慢性期因半月板异常活动牵扯滑膜而出现少量积液，在膝关节活动时，伤侧可听到清脆的响声，并伴有疼痛。在行走或做某个动作时，由于破裂的半月板突然移位，卡在股骨髁与胫骨平台之间，会出现膝关节突然不能屈伸的"交锁"现象。对一些可疑病例可做关节造影、超声波和关节镜检查，以便进一步确诊。

3. 处理

急性期的主要目的是治疗急性创伤性骨膜炎，以制动、消炎、止痛为主。若患者关节血肿明显，应在无菌条件下用粗针头抽出积血，然后用石膏或棉花夹板加压包扎固定 2~3 周，同时局部可外敷活血、消肿、止痛的中草药。慢性期应根据症状的轻重，首先要严格避免做重复受伤动作，以免再次受伤，影响愈合；其次可采用按摩、理疗、外敷中草药等方法治疗。若症状严重，肿痛明显，经常"交锁"妨碍体育锻炼和日常活动，应手术切除受伤的半月板，以免引起继发性滑膜炎和关节软骨损伤。

4. 预防

锻炼前应充分做好准备活动，提高关节的灵活性和协调性，在锻炼中要掌握自我保护的方法。疲劳时要避免剧烈的运动或减少运动量和动作难度。平时要加强下肢肌肉的力量训练，以提高关节的稳定性和灵敏性。伤病初愈后参加体育锻炼时，运动负荷要循序渐进，以免受伤。

（六）腰闪伤

急性腰闪伤包括肌肉、韧带、筋膜及关节扭伤等，主要发生于腰骶部和骶髂关节。

1. 损伤机制

重力超越了躯干一时所能承担的力,在挑、搬、拉、举重物时腰部突然用力,引起部分肌纤维撕裂,造成腰肌急性拉伤;脊柱运动时超越了正常的生理范围,尤其是动作错误和疲劳时更易发生腰闪伤;突然用力过猛或举重时负重过大,腰腹肌力量不足,支持不住重物,使身体重心不稳而发生突然扭转引起腰部扭伤;肌肉发生不协调的收缩或腰部受到力的作用而发生突然的不协调运动,即会引起腰闪伤。

2. 征象

部分症状较重者在受伤时会有激烈的疼痛感,腹压加大的动作,如咳嗽、喷嚏都会使疼痛加重;症状较轻者受伤时常无疼痛感,运动结束后或次日晨间起床时才感到疼痛。损伤在骶髂部,疼痛可放射到大腿内侧或小腿外侧,伤侧下肢活动功能将受到影响,甚至出现间歇性跛行。椎间关节扭伤或错位间盘突出症患者常有棘突偏歪现象。

3. 处理

腰部急性扭伤后,一般需卧硬板床休息,腰后垫上一个小枕头,使肌肉、韧带处于松弛状态,可采用按摩、药物、针灸等方法进行治疗。轻度腰闪伤可悬垂摆动放松或仰背抖动放松,重度腰闪伤应到医院治疗。

4. 预防

运动前要充分做好准备活动,提高肌肉的力量和协调性。在进行负重力量练习时，注意力要高度集中。要及时纠正技术动作上的缺点或错误，注意搬运重物时的姿势，使重物慢慢离开地面。要加强腰腹肌力量的锻炼，增强肌肉韧带的伸展性。要合理安排运动量，避免在疲劳情况下练习腰部的高难度动作。腰部损伤后应及时治疗，并在彻底治愈后才能参加剧烈运动。

第三节　常见运动性疾病的预防与处理

运动性疾病是指因运动负荷安排不当、体育卫生知识缺乏、自我保健意识不强等多因素造成体内功能紊乱所出现的疾病或症状。常见的有过度紧张、昏厥、低血糖症、运动中腹痛、肌肉痉挛、中暑、游泳性中耳炎、运动性贫血等。

一、过度紧张

过度紧张是在运动训练和比赛中因一时运动量过大，超过了机体承受能力而引起的一种病理状态。

（一）病因

过度紧张多见于锻炼较少、训练水平不高、生理状态不良或因伤病中断训练后突然参加剧烈活动，机体不适应或过分疲劳的人群，也可因饭后不久进行剧烈运动而引起。

（二）征象

过度紧张常在剧烈运动或比赛后即刻或短时间内发病。表现为头晕、眼前发黑、面色苍白、全身无力、站立不稳，严重者有恶心呕吐、脉搏快速细弱、血压明显下降、嘴唇青紫、呼吸困难、心前区痛、心脏扩大等急性心功能不全征象，甚至昏厥。

（三）处理

轻度的过度紧张患者应安静平卧，注意保暖，可服用热糖水或镇静剂，一般经短时间休息即可恢复。对严重心功能不全的患者应使其处平卧位，保持安静，并针刺或掐内关、足三里等穴位；若昏厥，可用指掐人中、百汇、合谷、涌泉等穴位；对于呼吸或心跳停止者，应做人工呼吸与胸外心脏按压术，并迅速请医生处理。

（四）预防

体育锻炼基础较差者不可勉强参加紧张的训练或比赛，应加强体育锻炼的医务监督。锻炼或比赛前要充分做好准备活动，平时要加强身体全面锻炼，遵循循序渐进的原则。伤病初愈或因其他原因中断体育锻炼后重新参加锻炼时，要逐渐增加运动量，避免立即进行大强度训练或参加剧烈比赛。

二、低血糖症

正常人每100毫升血液中的葡萄糖含量为80～120毫克。当每100

毫升血液中的葡萄糖含量低于 55 毫克时，就会出现一系列症状，称为低血糖症；当低于 40 毫克时，就会出现深度昏迷，称为低血糖休克。本病多发生于长跑、超长跑、自行车、长距离滑冰、滑雪等项目的比赛过程中或结束后不久。

（一）病因

长时间进行剧烈运动使体内血糖大量消耗和减少；运动前或运动时饥饿，体内肝糖原储备不足，又不能及时补充血糖的消耗；赛前补充糖过多、精神过于紧张、赛后强烈的失望情绪或患病（胰岛疾病、严重肝脏疾病），引起中枢神经系统调节糖代谢的功能紊乱，使胰岛素分泌量增加等，这些都是运动时出现低血糖症状的重要原因。

（二）征象

症状较轻者有强烈的饥饿感、疲乏无力、心慌、头晕、面色苍白、出冷汗。症状较重者神志模糊、言语不清、烦躁不安或精神错乱（赛跑者向反方向跑）、四肢发抖、步态不稳，甚至昏倒。检查时，脉搏细而弱，呼吸短促，瞳孔扩大，每 100 毫升血液中的葡萄糖含量降至 40～50 毫克，严重者可低至 10 毫克。

（三）处理

让患者平卧、保暖。神志清醒的患者可饮糖水或进食少量流质食物，一般经处理后症状就能消失。昏迷者可静脉注射 50% 葡萄糖液 40～100

毫升，同时针刺（指掐）人中、涌泉、合谷等穴位，并迅速请来医生处理。

（四）预防

平时缺乏锻炼、空腹饥饿或患病未愈者不要参加长时间的剧烈运动。进行长时间耐力运动前2小时（赛前15分钟）可按每千克体重进食1克糖。参加长距离（10000米跑、马拉松等）跑的训练者，途中应有含糖饮料的供给。

三、运动中腹痛

运动中腹痛是指由于体育运动而引起或诱发的腹部疼痛。发病率较高的是中长跑、马拉松、竞走、自行车、划船等项目，多发生在运动过程中或运动结束时。腹痛的部位多在心窝部、右上腹，其次是左上腹和脐周部。一般男运动员的发病率高于女运动员。

（一）病因

引起运动中腹痛的原因，大致可分为腹腔内疾患、腹腔外疾患和与运动有关的运动性腹痛三大类。

发病原因与缺乏锻炼有关，特别是刚开始参加体育锻炼的人，由于心脏功能差，心脏搏动无力，影响静脉血回流心脏，从而引起肝、脾瘀血肿胀，增加肝脾被膜的张力而发生腹痛。饭后过早参加运动、运动前吃得过饱、喝水过多或空腹运动都可引起胃部胀痛。运动前不做准备活动或准备活动不充分即进行剧烈的运动，由于运动负荷增加过快，心肺功能跟不上肌肉工作的需要，致使呼吸肌缺氧，加剧腹痛。内脏具有器质性病变（胆囊炎、溃疡病、慢性阑尾炎和肝脾疾病等），运动时会使病位受到刺激而产生腹痛。

（二）征象

腹痛的部位主要根据发病原因而定。由肝脾瘀血引起的腹痛，肝痛在右肋部、脾痛在左肋部，疼痛性质为胀痛或牵扯性痛。饮食时间安排不当，可能引起胃痉挛，其疼痛部位在上腹部，腹痛大多出现在运动中或运动后不久。

（三）处理

运动时出现腹痛，应适当减慢速度，加强呼吸，调整呼吸与运动节奏（三步一吸气或四步一吸气），按压疼痛部位或弯腰慢跑一段距离，疼痛可减轻或消失。若疼痛仍不减轻，就应停止运动，口服解痉药物（普鲁苯辛等），点掐或针刺足三里、内关、大肠俞等穴位，并热敷腹部。若仍无效果，应请医生进行诊断和处理。

（四）预防

要遵守科学锻炼原则，循序渐进地增加运动负荷，全面提高心肺功能。要合理安排膳食和运动时间，饭后应休息1.5～2小时才可进行剧烈运动。运动前要充分做好准备活动，患有内脏器官疾病者应及早就医，彻底治疗。在疾病未愈前不要参加剧烈的长时间运动或在医生指导下进行体育活动。

四、肌肉痉挛

肌肉痉挛（俗称抽筋）是肌肉不自主地强直性收缩。运动中小腿腓肠肌最易发生肌肉痉挛，其次是足底的拇屈肌和趾屈肌。肌肉痉挛在游泳、足球、篮球、长跑等运动中较为多见。

（一）病因

在寒冷的环境中运动，若不做准备活动或准备活动不充分，身体突然受寒冷的刺激，通过神经系统传至肌肉，使肌肉兴奋性增高，造成肌肉强直性收缩而引起肌肉痉挛。运动时大量排汗使体内失去水分和钠、氯等矿物质，造成体内电解质紊乱，引起肌肉兴奋性增高而发生肌肉痉挛。在紧张激烈的训练和比赛中，由于肌肉过快地连续收缩，致使肌肉收缩与放松不能协调交替进行而发生痉挛。运动性肌肉损伤（反复运动所致的肌纤维损伤）后，钙离子进入细胞膜，肌细胞内钙离子增高，使肌纤维收缩丧失控制（钙离子是肌肉收缩的触发因子），产生无效性收缩，从而引起局部肌肉痉挛。

（二）征象

痉挛的肌肉僵硬，疼痛难忍，所涉及的关节屈伸功能受限，一时不易缓解，痉挛缓解后，局部仍有酸痛、不适感。

（三）处理

解除肌肉痉挛的有效方法是被动伸展痉挛的肌肉。例如，小腿腓肠肌痉挛时，伤员采取坐姿用双手紧握抽筋腿的前脚掌，蹬脚跟，伸直膝关节，用力将足背伸直，并慢慢用力牵引使小腿后方的肌肉拉长（重复牵引2～3次），后用双手在小腿肌肉处摩擦、揉、捏等。牵引时切忌用力过猛，以免造成肌肉拉伤。此外，还可配合点穴或针刺（承山、委中、阿是穴等）缓解肌肉痉挛。游泳时发生肌肉痉挛，首先不要惊慌，如果自己无法处理或缓解，要立即呼救。

（四）预防

要加强体育锻炼，提高身体对寒冷的适应能力。运动前必须充分做好准备活动，尤其是对易发生痉挛的肌肉，运动前要做适当的按摩。夏季运动出汗过多时，要及时补充水、盐分和维生素。游泳下水前，应用冷水淋湿全身，使人体对冷水的刺激有所适应。水温较低时，游泳时间不宜太长。冬季运动要注意保暖，疲劳时不要进行剧烈运动。

五、中暑

中暑的定义：在高温环境下，人体不能正常地调节体温，发生的一组机体代谢紊乱的急性症状。

（一）病因

人的体温需恒定在37℃左右才能保证生理机能正常运行。人体产热主要靠能量代谢和肌肉收缩。散热主要靠辐射、蒸发、对流和传导。人在运动时，体内代谢过程加速，产生热量增加，人体借助皮肤血管扩张、血流加速、汗腺分泌增加以及呼吸加快等，将体内产生的热量送达体表，通过辐射传导、对流及蒸发等方式散热，以保持体温在正常范围内，当气温超过皮肤温度（一般为32℃以上）或环境中有热辐射源（电炉、明火），或空气中湿度过高但通风不良时，人体内的热难以通过辐射、传导、蒸发、对流等方式散发，甚至会从外界环境吸收热量，造成体内热量贮积，从而引起中暑。

（二）征象

中暑按病情轻重可分为：

（1）先兆中暑。在高温作业场所劳动一定时间后，出现头昏、头痛、口渴、多汗、全身疲乏、心悸、注意力不集中、动作不协调等症状，体温正常或略有升高，称为先兆中暑。

（2）轻症中暑。除有先兆表现外，体温升至38℃以上，面部潮红、皮肤灼热、面色苍白、呕吐、皮肤湿冷、血压下降、脉搏细弱及有早期循环衰竭的表现，称为轻度中暑。

（3）重症中暑。除轻症中暑的表现外，还伴随昏迷、痉挛或高热等症状，称为重症中暑。重症中暑分为热射病、热痉挛、热衰竭，也可出现混合型中暑。

（三）处理

先兆中暑：暂时脱离高温现场，密切观察生命体征。

轻症中暑：迅速脱离高温现场，在通风阴凉处休息，给予含盐清凉饮料，密切观察生命体征。轻症中暑的刮痧疗法：用光滑平整的汤匙蘸食油或清水，刮背脊两侧、颈部、胸肋间隙、肩臂、胸窝及腘窝等处，刮至皮肤出现紫红色。通过刺激人体使人自身产生抵抗能力，放痧通脉，有条件的最好输氧。

重度中暑：一旦出现热射病，在就地抢救的同时，要毫不犹豫、争分夺秒地通知附近的急救中心或医疗机构，由医生通过药物降温和对症治疗来抢救生命。先降温，后转运医院！

（四）预防

中暑的预防措施：

（1）出行躲避烈日。

（2）多喝水。别等口渴了才喝水，要不断地、小量地、随时补充水分，至少每天补充1.5升。

（3）多吃水果、蔬菜和乳制品。

（4）保证充足睡眠，过度疲劳更易中暑。

（5）谨防情绪中暑，情绪中暑可能衍生灼伤、心律失常、血压升高等状况。

（6）有心血管疾病、高血压、内分泌疾病、出汗功能障碍者均不宜从事高温作业。在中暑恢复期内，应避免室外剧烈活动和暴露在阳光下。

六、游泳性中耳炎

中耳的普通炎症性疾病统称为中耳炎。中耳炎是最常见的耳部疾病,以慢性为主。游泳性中耳炎是游泳时细菌随水进入中耳而引起的炎症。

(一)病因

游泳时水进入外耳道,外耳道积水时间较长,导致鼓膜泡软,此时如用棉花棒或手指在耳道内盲目乱掏,极易损伤鼓膜,水中的致病菌便会侵入鼓膜,从而引起中耳炎。如果在鼓膜破裂、穿孔的情况下继续下水游泳,细菌就会从外耳道直接侵入中耳,引起炎症。

(二)征象

急性中耳炎早期一般无全身症状,外耳道皮肤因感染发生肿胀时,将直接压迫皮肤下的神经末梢,可引起耳内剧烈疼痛。尤其是在张口咀嚼、打哈欠或压迫耳屏时,疼痛会加重,并伴有听力减退的症状,有时还会引起发热和头痛。当鼓膜破裂时,有黄色脓液自外耳道流出。急性炎症期如不及时、彻底治疗,会转变成慢性中耳炎。

(三)处理

患中耳炎时要及时请医生治疗。一般可卧床休息,适当多喝开水,口服止痛片,同时注射抗生素。若鼓膜已破,可用3%过氧化氢溶液清洗脓液,外用消毒剂,如碳酸甘油等;或用抗生素溶液滴耳,然后用消毒棉条填塞外耳道。此外,在乳突部做热敷及红外线照射,也可加快患部血液循环,促使消肿消炎。

（四）预防

不要在不清洁的水中游泳。游泳时，必须注意正确的呼吸方法，不要在水中嬉戏，避免呛水。游泳前应用涂有凡士林的棉花球或橡皮耳塞将外耳道塞好，以防污水进入。游泳后若耳内灌水，可将头偏向耳朵有水的一侧进行原地跳，水即流出，再小心地用棉花擦干外耳道，或在耳内滴入几滴硼酸酒精，切忌挖耳。患感冒、上呼吸道感染、中耳炎时不能游泳。

七、昏厥

由于脑部一时性供血不足或血中化学物质变化所致的意识短暂丧失的现象，称为昏厥。

（一）病因

情绪过于激动、受惊、恐惧、悲伤或看到别人出血都可反射性引起血管急性扩张、血压下降，产生一时性脑部缺血；长时间站立或长久下蹲后骤然起立，使肌肉和血管调节功能失调，致使回心血量骤减，动脉血压下降引起一时性脑部缺血；疾跑后急停，下肢肌肉的毛细血管和静脉失去肌肉收缩对它们的节律性挤压作用，加上血液本身的重力，大量血液积聚在下肢血管，使回心血量和心排血量骤减，导致脑供血不足，造成重力性休克；此外，低血糖、低碳酸血症、中暑、心脑血管疾病等，亦可引起昏厥。

（二）征象

昏厥前，病人面色发白、头晕、眼前发黑、出冷汗、全身无力。晕倒后，病人意识丧失、手足发冷、血压降低或正常、脉搏增快或正常、呼吸增快或缓慢。一般昏倒数秒后经平卧休息，病人脑缺血消除，知觉迅速恢复，也有可能清醒后精神不佳，仍有头晕、全身无力等现象。

（三）处理

使患者处于仰卧位并将下肢抬高，松解衣领和束带，注意保暖，并做下肢向心性推拿或揉捏，必要时嗅氨水或点掐（针刺）人中、百汇、涌泉等穴位。有条件的应输送氧气和静脉注射25%～50%葡萄糖液40～60毫升。如有呕吐，应将病人头偏向两侧，以免因舌头后坠或呕吐物堵塞气管而妨碍呼吸。如呼吸停止，应立即进行人工呼吸，若伴有心跳停止，应同时进行胸外心脏按压。醒后可提供热饮料，注意休息。若神志未能迅速恢复，应送医院做进一步处理。

（四）预防

要坚持体育锻炼，增强体质，提高心血管功能。疾跑后，尤其是长距离跑后不要立即站立不动，应继续慢跑并做深呼吸，再逐渐停下来。对发生过昏厥的人应做全面检查。在剧烈运动后，应休息约半小时后再洗澡或淋浴（因为立即淋浴有可能造成心肌缺血、心排血量减少），以防昏厥的发生。若有昏厥先兆，应立即平卧。

八、运动性贫血

我国成年健康男性每 100 毫升血液中血红蛋白含量为 12.5 ~ 16 克，女性为 11.5 ~ 15 克。若低于这一生理数值，则被视为贫血。因运动引起的血红蛋白量减少，称为运动性贫血。

（一）病因

由于运动时人体对蛋白质与铁的需求量增加，一旦需求量得不到满足，即可引起运动性贫血。

运动时，脾脏释放的溶血卵磷脂能使红细胞的脆性度增加，加上剧烈运动时血流加快，易引起红细胞破裂，从而导致运动性贫血。

少数学生由于偏食或爱吃零食，影响正常营养摄入，或长期慢性腹泻，影响营养吸收，运动时也常出现贫血现象。

（二）征象

运动性贫血发病缓慢，平时表现为头晕、恶心、气喘、体力下降，运动后出现心悸、心率加快、脸色苍白等。

（三）处理

如运动中（后）出现头晕、无力、恶心等现象，应适当减少运动量，必要时暂停运动。补充富含蛋白质和铁的食物，口服硫酸亚铁片剂和维生素 C 对缺铁性贫血的治疗有明显的效果。

（四）预防

锻炼时，要遵循循序渐进的原则，并克服偏食习惯。

九、运动后肌肉酸痛

在一次活动量较大的锻炼后，或是隔了较长时间未锻炼，开始锻炼后，常常会出现运动后肌肉酸痛，这种酸痛不是发生在运动中或运动刚结束后，而是发生在运动结束1~2天之后，因此也称为延迟性肌肉酸痛。

（一）病因

一是肌肉对负重负荷及收缩放松活动未完全适应，引起局部肌纤维及结缔组织的细微损伤，以及部分肌纤维产生痉挛。二是代谢产物积聚过多（乳酸）以致肌纤维的化学成分有变化，神经末梢受刺激而引起酸痛感。酸痛后，经过肌肉内部细微结构的修复或聚集代谢产物的排出，肌肉组织会较之前强壮，以后再经历同样负荷就不易发生酸痛了。

（二）预防与消除办法

1. 预防肌肉酸痛

（1）根据不同体质、不同健康状况科学地安排运动负荷。

（2）锻炼时，尽量避免长时间集中练习身体某一部位，以免局部肌肉负担过重。

（3）在准备活动中，注意使即将练习的负荷重的局部肌肉活动得更充分，这对损伤有预防作用。

（4）整理活动除进行一般性放松练习外，还应重视进行肌肉的伸展牵拉练习，这种伸展练习有助于预防局部肌纤维痉挛，避免酸痛的发生。

2. 缓解和消除肌肉酸痛

（1）热敷。可对酸痛的局部肌肉进行热敷，以促进血液循环及代谢过程，有助于损伤组织的修复及痉挛的缓解。

（2）伸展练习。可对酸痛局部进行静力牵拉练习，保持伸展状态2分钟，然后休息1分钟，重复进行。每天做几次伸展练习有助缓解痉挛，但做时不可用力过猛，以免牵拉时再损伤肌纤维。

（3）按摩。按摩有使肌肉放松、促进肌肉血液循环的作用，有助于损伤组织的修复及痉挛的缓解。

（4）口服维生素。维生素C有促进结缔组织中胶原合成的作用，有助于加速受损伤的结缔组织的修复，从而减轻和缓解酸痛。

（5）针灸、电疗等手段对缓解酸痛也有一定的作用。

第四节　体育卫生和运动康复

体育锻炼是发展身体能力、丰富课余生活、增进健康的一种主动行为。在锻炼过程中要注意体育卫生，重视医务监督，并且应该掌握必要的保健知识和康复锻炼方法。

"生命在于运动"，运动与健康有着十分密切的关系。锻炼方法的正确与否直接影响着人体的健康。任何违反人体生理特点和运动原理的体育锻炼，不但不能达到良好的锻炼效果，而且会导致各种运动性伤病的发生，严重影响人体健康。因而要使体育锻炼真正达到增强体质、增进健康的目的，必须讲究锻炼的科学性，必须掌握科学锻炼的原理、方法以及医务监督、体育卫生等体育锻炼与保健方面的知识。

一、体育运动的自我医务监督

自我医务监督是体育活动参加者在锻炼或训练过程中对自己的健康状况和身体功能状况进行观察的一种方法。它是体育锻炼效果评价方法中最为简便、实用的一种方法，也是锻炼者自我评定运动负荷大小、预防运动伤害、及早发现过度疲劳的有效措施。

（一）自我医务监督的意义

自我医务监督对于体育锻炼者，尤其是参加运动训练的人具有很重要的意义。它可以评定运动负荷的大小，预防和及早发现过度运动、过度疲劳，从而及时调整运动负荷；还能及早发现运动性伤病，以便尽早采取措施，保护健康。

（二）自我医务监督的内容

自我医务监督的内容包括主观感觉和客观检查两方面，可根据自我医务监督记录表来进行自我检查。自我医务监督记录表如下表所示。

表 5-1　自我医务监督记录表

内容	指标	个人情况
主观感觉	一般感觉	良好、一般、不好
	运动心情	很想锻炼、愿意锻炼、不想锻炼、讨厌锻炼
	不良感觉	肌肉酸痛、关节疼痛、头晕、心悸、其他
	睡眠	良好、一般、不佳
	食欲	良好、一般、减退、厌食
	排汗量	一般、较多、量多、大量、盗汗
客观检查	晨脉	规律、不规律
	体重	
	运动成绩	
	其他	

1. 主观感觉

主观感觉是机体功能状况，尤其是中枢神经系统状况的反映，是自我观察和记录体育锻炼的感觉与反应。

（1）一般感觉

身心健康的人，主观感觉总是精神饱满、精力充沛、心情愉快、积极性高、学习和工作效率高。但在运动过度或患病时，就会感到精神不振、身体乏力、行动迟缓、头晕、容易激动等。在进行自我医务监督时，根据具体情况可填写"良好""一般"或"不好"。

（2）运动心情

运动心情是一个人精神状况的反映。如果一个人在运动中心情愉快，对运动表现出积极的态度，这是身体健康、精神状况良好的表现。反之，如果对运动不感兴趣、缺乏热情、态度冷漠，甚至厌倦，则可能是早期过度疲劳和健康状况不佳的征兆。记录时可根据自己的具体情况，填写"很想锻炼""愿意锻炼""不想锻炼""讨厌锻炼"等。

(3) 不良感觉

在锻炼后，由于机体疲劳，都会出现肌肉酸痛、四肢乏力等现象，这是正常的生理现象，只要经过适当的休息便可消失。运动水平越高，这些现象消失得也就越快，有的时候甚至感觉不到肌肉酸胀。如果在保证休息和营养的情况下，上述现象长时间不能消退，甚至在运动中或运动后出现头晕、头痛、恶心、呕吐、气喘、胸闷、心前区疼痛等不良感觉，说明机体对锻炼的内容、方法、运动量的安排不适应，或身体功能状况和健康状况不良，这就需要休息调整，必要时可到医院检查，以防止运动性伤病的发生。在自我医务监督记录中，可填写具体的不良感觉。

(4) 睡眠

睡眠对消除运动后的疲劳具有重要意义。正常的睡眠状态应是入睡快、睡得深、不做或少做梦，早起感觉轻松。平时偶尔一天或数天睡眠不好并不是异常现象。经常参加锻炼的人若出现长时间的入睡困难、失眠、多梦或者嗜睡等情况，大多是对运动负荷不适应或是运动过度的早期反应，应引起注意。填写自我医务监督记录表时，可填写睡眠的时间以及睡眠的状况，如"良好""一般""失眠""多梦"等。

(5) 食欲

健康状况正常，机体代谢旺盛，食欲一般较好。即使偶尔食欲不强也是正常的。但在正常进餐的情况下，出现长期性的食欲缺乏、容易口渴等现象，则可能是消化器官或全身慢性疾病的征象。对于经常参加运动的人，出现上述现象，则可以考虑是否与过度疲劳或健康状况不良有关。记录时可按食欲程度的不同，填写"良好""一般""减退"或"厌食"等。

（6）排汗量

人体运动时排汗量的多少与运动负荷或运动强度、训练水平、情绪、饮水量、气温、湿度、风速、衣着及汗腺的数目等因素有关。人体剧烈运动时由于能量代谢水平增高，产生的热量增多，所以排汗量较平常增多，这是正常的生理现象。如果在适宜的外界条件和运动量的情况下，出现大量排汗或重复排汗的情况，则可能是过度训练的征象。在自我医务监督记录表中，可填写排汗量"一般""量多""大量"以及"盗汗"等。

2. 客观检查

客观检查常用的指标是测定脉搏、体重和运动成绩的变化情况，有条件还可以测握力、肺活量、血压等指标。

（1）脉搏

脉搏作为心血管系统的一个重要功能指标，它可反映人体的健康状况。经常参加运动的人，由于迷走神经紧张性增高，安静时脉搏频率较缓慢（心动过缓现象），并且随着运动年限的增长和运动水平的提高，脉搏频率也会减少，这是系统锻炼的良好反应。在自我医务监督中，常用早晨脉搏（晨脉，又称基础脉搏）来评定身体功能状况。测量晨脉时，可在早晨起床前进行，一般记录10秒的脉搏数值，但须求其稳定值，即连续两次测量的数值要一样，否则应重测，直到达到要求为止。也可测量30秒的数值，然后计算出每分钟的数值，并记录下来。

（2）体重

青少年随着年龄的增长，体重也会逐渐增加。在参加锻炼的初期，体重可能有所下降，但不久就会回升。在大负荷或激烈的比赛后，因体内水分的大量丧失也可以看到一时性的体重下降，但过1~2天后就能恢复正常。如体重持续下降，并伴有其他异常征象，则可能是早期过度疲劳或患慢性消耗性疾病，如慢性胃肠病、肺结核或营养不良的表现，应查明原因。在进行自我医务监督时，每周可测量体重1~2次，须在同一时间进行（最好在早晨）。此外，还可测量运动前后的体重，以便观察运动对体重的影响。

（3）运动成绩

坚持科学、合理的训练，运动成绩可逐步提高，并能稳定在一定的水平，且动作协调性好。如经过较长时间的训练，运动成绩没有提高，甚至出现下降，动作协调性也比过去差，则可能是身体功能状况不良或早期过度训练的表现。记录时，应根据实际情况填写运动成绩的变化情况、动作协调性等。

在客观检查中，除了上述指标外，还可根据实际情况和条件，选择一些其他指标，如肺活量、握力、臂力、呼吸频率等。对参加运动的训练者来说，选择的指标可多些，并应每天进行自我监督。

（三）体育运动的暂时禁忌

体育运动参加者当身体患有某些疾病时不应参加体育锻炼，如体温升高的急性疾病、女子月经过多或痛经、骨折未愈合等。

二、合理营养

营养与体育运动是维持和促进人体健康的重要因素。科学的体育锻炼和合理的营养配合对防治疾病、增强体质、延年益寿具有十分重要的意义。

（一）合理营养的概念

合理营养是指给人体提供符合卫生要求的平衡膳食，使膳食的质和量都能适应人对生活、劳动以及一切生理活动的需要。合理营养，是指提供人体全面的营养素，即包括糖、脂肪、蛋白质、维生素、水、矿物质等六大营养素。合理营养有利于某些疾病的预防。

（二）营养素

1. 糖

糖是由碳、氢、氧三种元素组成的碳水化合物，按其分子结构的复杂程度可分为单糖（葡萄糖、半乳糖、果糖）、双糖（蔗糖、麦芽糖、乳糖）和多糖（淀粉、糖原、纤维素与果胶）。除纤维素和果胶外，它们都可被人体吸收利用。糖是人体热能最重要也是最经济的来源；它除了为人体提供热能外，还具有构成人体的重要物质、保护肝脏、维护中枢神经系统的功能，并具有促进蛋白质的吸收与利用、维持心肌和骨骼肌的正常功能等作用。

糖的供应量和消耗量应根据运动性质与运动强度而定，运动强度越大、时间越长，糖的需要量就越多。糖一般占每日总热能供给量的65%～70%为宜。通常成人每日每千克体重需糖4～6克。糖主要来源于粮食作物、豆类和根茎类食物所含的淀粉。此外，水果、瓜类也含糖。

2. 脂肪

脂肪是人体的重要组成部分，人体内的脂肪可分为中性脂肪和类脂两大类。一般所说的脂肪指中性脂肪，它由1个分子甘油和3个分子脂肪酸组成，故又称甘油三酯。脂肪主要存在于人体的皮下、腹腔、肌肉间隙和内脏器官周围。脂肪是高热能物质，它具有供给热能、组成机体的重要成分、促进脂溶性维生素的吸收和利用、增加食物的美味和饱腹感、保护内脏和御寒等作用。

脂肪的供给量易受饮食习惯、季节和气候的影响，变动范围较大。一般情况下，脂肪应占每日总热能供应量的17%～20%，不宜超过30%。脂肪的来源主要是动物性食物和植物性食物，如猪油、牛油、羊油、芝麻、菜籽、大豆、花生等。

3. 蛋白质

蛋白质是一切生命活动的基础，是人体组织细胞的主要成分，占细胞内固体成分的80%以上，约占成人体重的18%。蛋白质具有构成人体组织、调节生理功能、供给热能的作用。

正常情况下，蛋白质的供应量取决于年龄、运动强度和生理状况等因素，蛋白质应占每日热能供给量的10%～12%。蛋白质供给不足，则会出现疲倦、体重下降、消瘦、肌肉萎缩、贫血、组织修复缓慢、病程延长等症状。含蛋白质较多的食物主要有肉类、鱼类、奶类、蛋类、豆类、硬果类、谷类等。

4. 维生素

维生素是维持人体正常生理功能所必需的一类有机化合物。按其溶解性质，可分为脂溶性与水溶性两大类。脂溶性维生素主要有维生素 A、D、E、K，水溶性维生素主要有维生素 B_1、B_2、C、PP 等。维生素在人体内具有调节代谢、保证生理功能的作用。由于维生素不能在体内合成或合成量甚微，且体内储存量很少，因此必须从食物中摄取。当维生素的摄入量长期不足或缺乏时，会引起代谢紊乱或维生素缺乏症。一般人每天需要维生素 A_1 毫克、胡萝卜素 6 毫克、维生素 D300～400 国际单位（1 毫克相当于 40000 个国际单位）、维生素 B_1、B_2 各 1.5～2 毫克。一般成年男子每日需要维生素 C75 毫克，女子需要 70 毫克；成人每日需要维生素 PP15～20 毫克，等等。

5. 矿物质

人体内的矿物质（无机盐）包括除碳、氢、氧、氮以外的其他各种元素，约有 60 多种。其中含量较多的矿物质有钙、镁、钠、钾、磷、硫、氯 7 种，其他元素，如铁、铜、锌、锰、氟等数量很少。矿物质总量约占成人体重的 5%，是参与构成人体组织、调节生理功能、维持正常代谢的重要物质。它与其他元素不同，不能在人体内合成，除了排出体外，也不会在代谢过程中消失，因此，必须由食物提供。成年人每天需要钙 0.8 克、磷 0.8 克、铁 0.02 克等。这些物质在人体内相对稳定，并起着十分重要的作用。

6. 水

水在人体内含量最多，占成年人体重的55%～60%，人体各器官都含有水。如果失去30%水分，生命活动将无法维持。水参与许多体内代谢过程，是良好的溶解剂。水能保证腺体的正常分泌、保持体温恒定、运输体内的各种物质和维持内脏器官的形态与机能。水的供应量随年龄、体重、气候及劳动强度的不同而有所不同，正常成人每日需水2000～2500毫升。体内水的主要来源是饮水、食物水和代谢水（氧化水）。人体内水分需要维持平衡，在排汗较多时，需水量较多，要及时补充水分。

（三）运动对营养的要求

体育运动时，人体的代谢水平提高，能量消耗增加，及时补充营养是锻炼者生理恢复过程的需要，也是科学地利用营养来增强体育锻炼的效果、促进身体健康和提高运动成绩的必要保证。例如，参加力量性项目的人，由于肌肉蛋白质增长的需要，对蛋白质的摄入量要求较高；无氧运动参加者，运动时主要由糖的无氧酵解提供能量，因此应增加含糖、维生素 B_1 和维生素 C、磷以及蛋白质丰富的食物和充足的蔬菜与水果；经常参加耐力性项目（有氧呼吸）的人，运动时消耗的能量主要来源于糖的有氧分解，因此，要供给充分的糖，保持充足的糖原储备。另外，还要保证蛋白质、维生素、无机盐，尤其是铁的充分供给。

（四）合理的膳食制度

饮食卫生很重要。它包括饮食时间、饮食质量以及饮食分配。从营养学的观点出发，运动后应选择容易消化吸收的、营养丰富的食物，因为这时的血液集中在运动器官，消化器官相对缺血，不利于消化。进食后应休息 1.5 ~ 2.5 小时方可进行运动。

三、运动处方

（一）运动处方的概念

运动处方有很多不同的表述，简单来说，就是一套针对个人的身体体能状况，即个人需要而设计的系统的运动计划。

（二）运动处方的分类

运动处方按应用对象的目的不同可分为三类：

（1）健身运动处方：健康人进行运动处方锻炼，以提高身体机能、促进健康、预防运动缺乏病（高血压、冠心病、糖尿病、肥胖等）为目的，主要包括有氧适能运动处方、肌适能运动处方和控制体重运动处方。

（2）竞技运动处方：专业运动员进行运动处方锻炼，以提高专业运动成绩为目的。

（3）康复运动处方：对患者应用运动处方，以治疗和康复为目的。

（三）运动处方的作用

运动处方与普通的体育锻炼和一般的治疗方法不同，运动处方是有很强的针对性、有明确的目的、有选择、有控制的运动疗法。合理设计的运动处方对身体的各个系统均能产生积极的影响，从而达到强身健体等目的。运动处方具有以下良好的作用与意义：

（1）体育运动对健康有良好的促进作用。科学合理有效的运动处方不仅为锻炼者提供了科学依据，而且提供了健康保证。

（2）运动处方的制定保证了锻炼者的运动负荷、强度、时间，能达到健身的效果。

（3）适当的有氧运动能防止肿瘤发生，能最大限度地保持或提高机体的机能水平。

（4）运动处方是现代科学技术应用于健康领域的具体体现，是保证身体锻炼过程安全、有效的重要手段，将对人类健康起到重要作用。

（5）运动处方的制定能有效地培养大学生终身锻炼的意识和能力，有利于大学生掌握体育知识与技能，学会自主锻炼，养成良好的锻炼习惯。

（6）提高身体锻炼中的自测、自练、自调、自控和自评的能力，强化终身体育的自我意识。

四、运动处方的制定与实施

（一）运动处方的要素

任何一类运动处方都应包括以下内容：运动种类、运动强度、运动频度、持续时间及注意事项，这些被称为运动处方的四要素。

1. 运动种类

现代运动处方的运动种类包括以下三类：第一类为有氧耐力运动项

目，如步行、慢跑、速度游戏、游泳、骑自行车、滑冰、越野滑雪、划船、跳绳、上楼梯及功率车、跑台运动等；第二类为伸展运动及健身操，如广播体操、气功、武术、舞蹈、体操等；第三类为力量性锻炼，如自由负重练习、健美操等。

2. 运动强度

运动强度是指单位时间内的运动量（运动强度＝运动量/运动时间）。运动强度是运动处方中最关键的部分，也是运动处方定量化与科学性的核心问题。在一定范围内，心率与运动强度成正比，因此，需要有适当的监测来确定运动强度是否适宜。运动强度影响到锻炼效果和安全性问题。为了运用心率来调控运动强度，应当掌握最大心率和靶心率的计算方法。

（1）心率（HR）：当心率在110～170次/分范围时，心率与运动强度成正相关关系。

（2）最大心率：指人体做极限运动时的心搏频率。公式为

$$最大心率 = 220 - 年龄（次/分）$$

（3）靶心率（THR）：指能获得最佳效果并能确保安全的运动心率，又叫运动中适宜心率。当人们在靶心率范围进行运动时，既能收到最佳的锻炼效果，也能保证锻炼的安全性。它是在运动中用来衡量人们运动强度的一个标准。具体的计算公式是

成年人：（220－年龄）×80%；

中年人：（220－年龄）×70%；

老年人：（220－年龄）×60%。

普通健身者的靶心率范围是 65%~85%，与年龄有直接关系，一般年龄稍大者的靶心率为 60%~80%。用公式表示

靶心率=（220－年龄）×（65%~85%）或（220－年龄）×（60%~80%）

举例：20岁减脂者的运动强度必须达到（220－20）×（65%~85%），也就是脉搏在 130~170 次/分（脉搏上限为 170 次/分，下限为 130 次/分）范围内进行运动时才能收到最佳的锻炼效果，也能保证锻炼的安全性。

3. 运动频度

运动频度指每周的锻炼次数。运动频度取决于运动强度和每次运动持续的时间。一般认为，每周锻炼 3~4 次是最适宜的频度，即隔日锻炼一次。

有研究表明，当每周锻炼多于 3 次时，最大摄氧量的增加就逐渐趋于平坦；当锻炼次数增加到 5 次以上时，最大摄氧量的提高就很小；而每周锻炼少于 2 次时，通常不会引起改变。由此可见，每周锻炼 3~4 次是最适宜的频率。但由于运动效应的蓄积作用，锻炼的间隔不宜超过 3 天。一般健身保健或处于退休和疗养状态的人，坚持每天锻炼一次当然更好，但前提条件是次日不残留疲劳，这样的每日运动才是可取的。关键是运动习惯性或运动生活化，即个人可选择适合自己情况的锻炼次数，但每周最低不能少于 2 次。

4. 持续时间及注意事项

运动持续时间和运动强度关系密切。因为当运动强度达到阈强度后，一次运动的效果是由总运动量来决定的，而总运动量＝运动强度×运动

时间,即由两者的配合来共同决定。在总运动量确定时,运动强度与运动时间成反比,运动强度较大则运动时间较短,运动强度较小则运动时间较长。在运动处方中,运动的强度和时间可以有多种变化,在某些场合采用低强度长时间的运动较为有效,如肥胖者的减肥;而在另外一些场合采用短时间高强度的运动较为有效,如训练肌肉力量。

(二)运动处方的制定程序

运动处方的制定程序包括一般调查、临床检查、运动试验及体力测验、制定运动处方、实施运动处方及修改运动处方等。

1. 一般调查

一般调查应包括了解运动的目的,如健身或康复;询问病史及健康状况,如既往病史、家族史;了解运动史,如运动爱好、现在的运动状况;了解社会环境条件,如职业、工作环境、生活环境、所用交通工具、经济状况、性格、心理状态、营养条件、社会地位等。

2. 临床检查

运动处方的临床检查包括对运动系统、心血管系统及呼吸系统的检查。检查的目的是对现在的健康状况进行评价;发现绝对禁忌运动的情况或相对禁忌运动的情况,判断能否进行运动及运动试验,查明是否存在潜在性疾病或危险因素,防止运动时发生意外。

3. 运动试验及体力测验

运动试验是制定运动处方的基本依据之一。运动试验方法的选择由检查的目的及被检查者的具体情况而定。目前最常用的方法是采用递增负荷运动试验，测定时利用活动手板（跑台）和功率自行车等，在试验过程中逐渐增加运动强度，直至受试者达到一定用力强度，同时测定某些生理指标（如血压、心率、心电图等）。

体力测验要求只有运动试验无异常的人才能进行，它包括肌力、爆发力、柔韧性等运动能力和全身耐力的测验。其中全身耐力测验的运动方式采用有氧代谢方式，较多采用的有定时间的耐力跑（如12分钟跑）和定距离的耐力跑（如2400米跑）。

4. 制定运动处方

根据检查的结果，在掌握锻炼者或康复者的健康状况、体力水平及运动能力限度的基础上，按其具体情况制定运动处方。运动处方要规定运动强度的安全界限和有效界限、运动时间及运动频度等。

5. 修改运动处方

运动处方并不是固定不变的，初定的运动处方可先试行锻炼，并对不适应的地方进行调整，待适合后要坚持锻炼3～6个月，然后做体力测验，重新制定长期的运动处方，并不断进行调整，从而提高锻炼效果。

（三）运动处方的原则

（1）因人而异的原则：要根据每一个锻炼者或病人的具体情况，制定出符合个人身体客观条件及要求的运动处方。

（2）有效的原则：运动处方的制定和实施应使锻炼者或病人的机能

状态有所改善。

（3）安全的原则：按运动处方运动，应在安全的范围内进行，若超出安全的界限，则可能发生危险。在制定和实施运动处方时，应严格遵循各项规定和要求，以确保安全。

（4）全面的原则：运动处方应遵循身心健康全面发展的原则，在运动处方的制定和实施中，应注意维持人体生理和心理的平衡，以达到"身心健康全面发展"的目的。

（四）运动处方的实施

在运动处方的实施过程中，应注意每一次锻炼的安排、运动量的监控及医务监督。

1. 每一次锻炼的安排

在运动处方的实施过程中，每一次锻炼应包括三个部分，即准备部分、基本部分和结束部分。

（1）准备部分

准备部分的主要作用是使身体逐渐从安静状态进入工作（运动）状态，逐渐适应运动强度较大的训练部分的运动，避免出现心血管、呼吸等内脏器官系统突然承受较大运动负荷而引起的意外，避免肌肉、韧带、关节等运动器官的损伤。在运动处方的实施中，准备活动部分常采用运动强度小的有氧运动和伸展体操，如步行、慢跑、徒手操、太极拳等。准备活动部分的时间可根据不同的锻炼阶段有所变化。在开始锻炼的早期阶段，准备活动的时间可为 10 ~ 15 分钟；在锻炼的中后期，准备活动的时间可减少为 5 ~ 10 分钟。

（2）基本部分

基本部分是运动处方的主要内容，是达到康复或健身目的的主要途径。基本部分的运动内容、运动强度、运动时间等应按照具体运动处方的规定实施。

（3）结束部分

每一次按运动处方进行锻炼时，都应安排一定内容和时间的整理活动。结束部分的主要作用是避免出现因突然停止运动而引起的心血管系统、呼吸系统、植物神经系统的不良症状，如头晕、恶心、重力性休克等。常用的整理活动有散步、放松体操、自我按摩等。整理活动的时间一般为 5 分钟左右。

2. 运动量的监控

在运动处方的实施过程中，应注意对运动量的监控。

3. 医务监督

在运动处方的实施过程中，应要求一般的健康人进行自我监督，应对治疗性运动处方的实施进行医务监督。

第五节 身体疲劳与恢复

锻炼一段时间后，身体必然会产生疲劳。疲劳是一种生理现象，人体只有通过体育锻炼产生疲劳，才会出现身体机能的超量恢复。但是，疲劳的不断积累也可能造成疲劳过度，从而对机体产生不利影响。了解锻炼时疲劳产生的原因，掌握诊断和消除疲劳的方法，对提高锻炼效果具有重要的意义。

一、运动疲劳的概念

运动疲劳是机体的生理过程不能维持其机能在某一特定水平或者不能维持预定的运动强度而产生的身体不适应性。对运动员来说，参加训练或比赛是常有的事。当训练和比赛负荷超过机体承受的能力时，身体会产生暂时的生理机能减退现象。例如，运动员为了提高运动成绩而进行大运动量、大强度训练所引起的机体机能的变化，这就是通常所说的运动性疲劳，产生疲劳是训练的正常反应。疲劳大致可以分为肌肉疲劳、内脏疲劳、神经疲劳三种。疲劳的程度一般可以通过运动者的自我感觉和某些外部表现来判断。

第五届国际运动生物化学会议指出，运动疲劳是指机体生理过程不能持续其机能在某一特定水平上和（或）不能维持预定的运动强度。[1] 这一概念把疲劳时体内组织和器官的机能水平与运动能力结合起来评定疲劳的发生及疲劳程度，同时有助于选择客观指标评定疲劳，如心率、血乳酸、最大吸氧量等指标在某一特定水平工作时，单一指标或各指标的同时改变都可用来评定疲劳。

疲劳时工作能力下降，经过一段时间休息，工作能力又会恢复，只要

---

[1] 1982年6月1—5日，在美国波士顿城举行了运动生物化学国际讨论会。

不是过度疲劳，就不损害人体的健康。所以，运动疲劳是一种生理现象，对人体来说又是一种保护性机制。但是，如果人经常处于运动疲劳状态，前一次运动产生的疲劳还没来得及消除，而新的运动疲劳又产生了，运动疲劳就可能积累，久而久之就会产生过度运动疲劳，影响运动员的身体健康和运动能力。如果运动后能采取一些措施及时消除疲劳，使体力很快得到恢复，使消耗的能量物质得到及时的补充甚至达到超量恢复，就有助于训练水平的不断提高。

二、运动疲劳的分类

运动疲劳在人体中可以分为躯体性疲劳和心理性疲劳。

这两种不同性质的疲劳有不同的表现，躯体性疲劳表现为动作迟缓，不灵敏，动作的协调能力下降，失眠、烦躁与不安，等等；心理性疲劳是由于心理活动而造成的一种疲劳状态，其主要症状有注意力不集中，记忆力障碍，理解、推理困难，脑力活动迟钝、不准确。

躯体性疲劳是由身体活动或肌肉活动引起的，可分为全身的、局部的、中枢的、外周的等类型。按程度可分为轻度、中度和重度。轻度疲劳稍事休息即可恢复，属正常现象；中度疲劳有疲乏、腿痛、心悸的感觉；重度疲劳除疲乏、腿痛、心悸外，还有头痛、胸痛、恶心甚至呕吐等征象，而且这些征象持续时间较长。躯体性疲劳常因活动的种类不同而具有不同的症状。

在运动竞赛和运动训练中，躯体性疲劳和心理性疲劳是密切联系的，故运动疲劳是身心的疲劳。

一般来说，轻度疲劳，身体会迅速恢复；中度疲劳则需要较好地调整和休息；重度疲劳则要想办法尽快使身体的各项生理指标恢复到原水平或做到超量恢复。为此，要根据具体对象的具体情况采用不同的恢复手段，以加速恢复过程。恢复方法是结合多方面因素进行选择的。

三、躯体性疲劳的常识

（一）中枢疲劳的特点

中枢疲劳发生的部位起于大脑，止于脊髓运动神经元。研究表明，人体在稳定状态下运动时，大脑中的神经系统变化不大，但当人体出现疲劳而机能下降时，中枢神经系统就会出现抑制。其主要表现为：

（1）ATP（腺嘌呤核苷三磷酸）浓度下降，脑中某些氧化酶活性受到抑制。

（2）血液中色氨酸和支链氨基酸的比值下降，会影响脑中5-羟色氨水平上升，造成对大脑的抑制。

（3）运动造成体内氨基酸和嘌呤核苷酸循环加强，增加脑中氨含量。

（二）外周疲劳的特点

外周疲劳发生的部位起于神经肌肉接点，止于骨骼肌收缩蛋白。

（1）神经肌肉接点：对于足球项目来讲，主要存在于长时间训练后，乙酰胆碱在接点后膜的堆积导致肌肉缺乏正常的兴奋、舒张交替，肌肉收缩力下降。

（2）细胞膜：长时间运动产生的自由基数量增加，自由基攻击细胞膜使细胞膜的完整性遭到破坏，通透性增加。

（3）肌浆网：长时间运动造成肌浆网对钙通道的控制能力降低，出现钙离子在细胞内外的流通紊乱。

（4）代谢因素：主要指能源物质的耗竭和代谢产物的增加。足球运动员长时间训练不仅使腺嘌呤核苷三磷酸储量下降，肌糖原和肝糖原也大量消耗，甚至会造成血糖水平下降，进一步引起中枢疲劳；代谢产物的堆积主要是指乳酸水平和氨含量的增加。

总之，训练中出现疲劳不只是身体某一个部位的问题，也不是某一个环节的问题，而是整个代谢过程出现了紊乱。

（三）疲劳的原因

体育运动科研人员对疲劳进行了大量的研究，提出了运动性应激的负效应可能是运动疲劳发生的根本原因，如代谢基质的耗竭、代谢产物的堆积、代谢环境的改变等。目前，运动生化研究对于运动疲劳的定义是：机体的生理过程不能维持其机能在某一特定水平或不能维持预定的运动强度。

（四）主要表现

体育锻炼后身体会产生一定的疲劳感，这主要表现在三个方面：

（1）肌肉疲劳：肌肉力量下降，收缩速度放慢，肌肉出现僵硬、肿胀和疼痛，动作慢、不协调。

（2）神经疲劳：反应迟钝，判断错误，注意力不集中。

（3）内脏疲劳：呼吸变浅变快，心跳加快，等等。

由于运动量不同，每个人的情况不一样，产生的疲劳也有程度之分。运动后产生疲劳感是正常的。轻度疲劳可以在短时间内消除；中度疲劳通过采取一系列手段也能很快消除，不会影响身体；但如果重度疲劳不能及时消除，就会影响学习和生活，损伤身体。研究证明，提高体育成绩关键的两个条件是运动训练的科学性和恢复手段的有效性，由此可见消除疲劳、恢复体力的重要性。

四、恢复规律

运动时和运动后供能物质量的变化是消耗和恢复过程保持平衡的结果。运动时以消耗过程为主，恢复过程跟不上消耗过程，表现为能源物质数量下降；运动后休息期以恢复过程为主，消耗过程下降，因此，能源物质逐渐恢复，达到或超过原来水平。

根据物质的消耗过程和恢复过程的规律，在训练中可供应用的有两方面。

（一）训练课中休息间歇的掌握

在训练中运动员的身体不可能达到完全恢复，如何选择最适宜的休息间歇以保证其既能完成训练任务，又能达到良好的训练效果是训练课值得注意的问题。目前研究结果认为：

（1）10秒钟全力运动的半时反应时间为20~30秒，因此，最适宜的休息间歇不应短于30秒。

（2）30秒钟全力运动的半时反应时间为60秒，因此，最适宜的休息间歇为60秒左右。

（3）一分钟全力运动的半时反应时间为3~4分钟，因此，最适宜的休息间歇为4~5分钟。

（4）最多乳酸生成的成组练习为4×100米，血乳酸消除的最佳半时反应为15分钟左右，活动性休息有助于乳酸的消除。

（二）训练期中休息间歇的掌握

在训练期应根据训练的目的、身体消耗的主要能源物质，选择最适宜的休息间歇，并在此期间增加被消耗能源物质的补充或其他有关的措施，以加速恢复过程。运动后力竭时能源物质的恢复时间如下：

（1）肌肉中磷酸原恢复：最短2分钟，最长3分钟。

（2）氧合血红蛋白恢复：最短1分钟，最长2分钟。

（3）长时间运动后肌糖原恢复：最短10小时，最长46小时。

（4）间歇训练后肌糖原恢复：最短5小时，最长24小时。

（5）活动性休息时肌肉和血液中乳酸消除：最短30分钟，最长1小时。

（6）静坐休息时肌肉和血液中乳酸消除：最短1小时，最长2小时。

五、恢复过程

恢复过程是指人体在体育运动结束后，各项生理功能逐渐恢复到运动前状态的一段变化过程。恢复过程和运动过程是提高机体功能的两个重要方面，运动中所消耗的营养物质只有在运动后的恢复阶段得到补充，人体功能才能提高。如果在没有完全恢复的情况下继续运动会使疲劳积累，不仅导致机体工作能力下降，还往往引起某些疾病。因此，运动后采用科学的方法加速机体的恢复过程是十分重要的。

（一）能源物质恢复过程的一般规律

消耗过程和恢复过程可简要地分为三个阶段：

第一阶段：运动时能源物质的消耗多于恢复，能源物质逐渐减少，各器官系统功能逐渐下降。

第二阶段：运动停止后消耗过程减弱，恢复过程占优势，能源物质和各器官系统功能逐渐恢复到原来水平。

第三阶段：运动中消耗的能源物质在运动后的一段时间内不仅恢复到原来水平，甚至超过原来水平，这种现象叫"超量恢复"或"超量代偿"，随后又回到原来水平。

国外有研究表明超量恢复是客观存在的规律。让两名实验对象分别站在一辆固定自行车的两侧同时蹬车，其中一人用右腿蹬车左腿休息，另一人用左腿蹬车右腿休息，当运动至筋疲力尽时，测定运动腿股外侧肌的肌糖原含量接近于零。运动后连续3天食用高糖膳食且不参加任何运动，结果运动腿股外侧肌的肌糖原含量比未运动腿多一倍。

超量恢复的程度和时间取决于消耗的程度，在生理范围内肌肉活动量越大，消耗过程越剧烈，超量恢复也越明显。如果活动量过大，超过了生理范围，恢复过程就会延缓。

国外有研究认为超量恢复出现的原因是运动时能量消耗大，肌肉中无氧代谢产物（乳酸、酮体等）增多使细胞内有氧代谢旺盛的线粒体处于抑制状态，运动后抑制线粒体的条件解除，从而引起过量能量的产生。这种过多的能量用于合成磷酸肌酸、糖原、蛋白质等。这一研究仅是初步的，因为超量恢复与物质代谢的相互调节、神经和激素的调节、年龄、性别及营养等因素密切相关，还需进一步研究。

（二）机体能量储备的恢复

（1）磷酸原的恢复

磷酸原的恢复很快，在剧烈运动后被消耗的磷酸原在20～30秒内恢复一半，2～3分钟可完全恢复。

磷酸原的恢复由有氧氧化系统供能（乳酸系统也可能参与）。运动中磷酸原消耗得越多，其恢复过程需要的氧也越多。

（2）肌糖原储备的恢复

肌糖原是有氧氧化系统和乳酸系统的供能物质，也是长时间运动延缓疲劳的一个因素。影响肌糖原恢复的速度有两个主要因素，一是运动强度和运动持续时间，二是膳食。

长时间运动致使肌糖原耗尽，如用高脂肪与高蛋白质膳食，5 天后肌糖原还不会完全恢复；如用高糖膳食，46 小时即可完全恢复，而且前 10 小时恢复得最快。短时间、高强度的间歇训练后，无论食用普通膳食还是高糖膳食，肌糖原的完全恢复都需要 24 小时，而且在前 5 小时恢复得最快。

因此，在长时间运动后应安排数天的恢复时间，并食用高糖膳食，如不能保持数天的高糖膳食，至少也要保持 10 小时。在大强度间歇训练后，至少要有 1 天的休息时间。

（3）氧合肌红蛋白的恢复

氧合肌红蛋白存在于肌肉中，每千克肌肉约含 11 毫升氧。在肌肉工作中，氧合肌红蛋白能迅速解离释放氧并被利用，而运动后几秒钟即可完全恢复。因为肌红蛋白与氧的结合不需要能量，而主要取决于血液与肌组织中的氧分压，当氧分压下降时，氧即从氧合肌红蛋白中解离出来到线粒体中参与氧化。在恢复过程中，氧分压略有升高，肌红蛋白即与氧迅速结合。

（4）乳酸的消除

乳酸消除的速度与其产生的数量和恢复方式有关，运动时形成的乳酸越少，消除得越快。在剧烈运动后，采用轻微活动方式则会使乳酸消除速度大大加快。

（三）生理功能恢复过程的一般规律

（1）强度依赖性

大多数生理功能指标恢复的速度和持续时间直接取决于运动强度，强度越大，功能变化越大，相应的恢复速度就越快。例如，在极量无氧强度工作后大多数功能的恢复时间为几秒钟，而长时间持续工作（马拉松跑）后需几天的恢复时间。

（2）不同时性

各种生理功能的恢复以不同的速度进行。例如，血压和吸氧量比心率恢复得快；摔跤运动员在比赛后呼吸节律恢复得最快，而肌肉力量的恢复速度是最慢的。因此，整个恢复过程的完成不能根据一个或几个指标判定，而应根据最慢恢复到原来水平的指标及各指标的恢复状况作全面判定。

六、消除方法

（一）整理活动与活动性休息

整理活动是消除疲劳、促进体力恢复的一种良好方法，教练员、运动员应给予足够的重视。剧烈运动后进行整理活动可使心血管系统、呼吸系统的运动仍保持在较高水平，有利于弥补运动时过量的氧消耗。整理活动使肌肉放松，可避免因局部循环障碍而影响代谢过程。

整理活动包括慢跑、呼吸体操及各肌群的伸展练习。运动后做伸展练习可消除肌肉痉挛，改善肌肉血液循环，减轻肌肉酸痛和僵硬程度，消除局部疲劳，对预防运动损伤的发生也有良好作用。

活动性休息指在体育课或训练课中，机体疲劳时所做的轻微放松练习或更换运动练习。谢切诺夫在1903年进行测力描记实验中发现，右手握测力器工作到疲劳后，以左手继续工作来代替安静休息，能使右手恢复得更迅速、更完全。他认为，在休息期中来自左手肌肉收缩时的传入冲动会加快支配右手的神经中枢的抑制过程，并使右手血流量增加。[1] 近来的研究还证明，与安静性休息相比，活动性休息可使乳酸的消除速度快一倍。

（二）物理疗法

物理疗法中的按摩可以促进血液循环，加速疲劳的消除及机能的恢复。

按摩是有效的恢复手段。负担量最大的部位应是按摩的重点，肌肉部位以揉捏为主，交替使用按压、抖动、扣打等手法，在肌肉发达的部位可用肘顶、用脚踩。关节部位不仅是运动的着力点，也是运动的枢纽，应全面进行，按摩以摩擦为主，穿插使用按压、搓和拉。按摩应先全身后局部，全身性按摩一般取俯卧位，如某部位运动负担过重，需重点按摩，应在全身按摩之后再进行。在按摩肢体时，先按摩大肌肉群后按摩小肌肉群，如按摩下肢，先按摩大腿肌肉后按摩小腿肌肉以提高肌肉韧带的工作能力，加速疲劳时的代谢产物的排出，改善血液循环和心脏收缩功能。

---

[1] 刘忆冰，马东晓，于淼.运动人体科学实验指导[M].北京：中国商业出版社，2007.

（三）睡眠

睡眠是消除疲劳、恢复体力的好方式。睡眠时大脑皮层的兴奋降低，体内分解代谢处于最低水平，而合成代谢过程相对较高，有利于体内能量的蓄积。

睡眠是生命活动所必需的。睡眠时感觉减退，意识逐渐消失，机体与环境的主动联系大大减弱，失去了对环境变化的精确适应能力，全身肌肉处于放松状态。通过睡眠，精神和体力能得到恢复。睡眠障碍常会导致中枢神经系统大脑皮层活动失常，因此，睡眠对运动者的功能恢复是非常重要的。成年运动员在平时训练期间，每天应有8~9小时的睡眠。在大运动量和比赛期间，睡眠时间应适当延长。青少年运动员的睡眠时间应比成年运动员长，必须保证每天有10小时的睡眠。以下是促进睡眠的几项措施：第一，就寝前应尽量使精神状态趋于平静。第二，避免外界刺激。第三，室内空气保持新鲜。第四，就寝前应泡脚，可以促进血液循环，使大脑得以放松，疲劳能快速消除，有助于尽快入睡。

（四）温水浴

训练后进行温水淋浴是最简单易行的消除疲劳的方法。温水浴能促进全身的血液循环，调节血流，加快新陈代谢，有利于机体营养物质的运输和疲劳物质的排除。温水浴水温35摄氏度左右为宜，时间为10~15分钟，勿超过20分钟。训练结束半小时后，还可进行冷热水浴。冷水温度为18摄氏度，热水温度为38~40摄氏度。冷水淋浴1分钟，热水淋浴2分钟，交替3次。

（五）营养

运动中产生疲劳的重要因素之一是能量供应不足。运动中各种营养物质消耗增加，在运动后及时补充有助于消除疲劳，恢复体力。疲劳时，应注意补充能量和维生素，尤其是糖、维生素 C 及维生素 B_1；夏季或出汗较多时，应补充盐分与水。食品应富含营养并易于消化，尽量多吃新鲜蔬菜、水果等碱性食物，但不同性质的运动项目需要不同的营养。速度性项目应多供给易吸收的糖、维生素 B_1 和维生素 C 以及较多的蛋白质和磷；耐力性项目应多供给糖以增加糖原储备，还要增加维生素 B_1、维生素 C 和磷；力量性项目需要增加蛋白质和维生素 B_2。因此，在运动中适时地补充有关营养物质既能提高身体的抗疲劳能力，又能帮助运动疲劳的消除。

（六）心理恢复

心理恢复主要是意念活动，通过一定的话语暗示进行引导，使肌肉放松，心理平静，从而调节植物神经系统的机能。然后运用带有一定愿望的话语进行自我动员，如暗示性的睡眠休息、肌肉松弛、心理调节训练等。实践证明，采用上述方法能尽快消除身体疲劳，加快身体的恢复过程。另外，在舒适幽雅的环境中听音乐等行为可以减弱田径训练的枯燥单调，有助于消除疲劳。

（七）药物

一些中西医药物对疲劳的消除也有较好的效果。中药类，如黄芪、刺五加、参三七等拥有调节中枢神经系统的功能，具有扩张冠状动脉和补气壮筋的作用，对疲劳的消除有较好的效果。西药类，如对疲劳表现很明显、运动时间长的运动员可以提供维生素 B_{12}、三磷酸腺苷等药物。

第六节 运动与水分补充

一、运动与出汗

除了水分以外，汗液还包含电解质，如果大量出汗而又未能及时补充失去的水分和电解质，运动员就会降低运动表现，甚至影响健康。

运动员在训练及比赛中，可以每小时流失 0.5～2 升的汗液。当然，实际的流失速率会因运动员体质、运动项目和气候的不同而有出入。以越野跑为例，夏天时汗液的平均流失速率可达 1.77 升/小时（范围在 0.99～2.55 升/小时）；冬天时，半马拉松运动员的汗液平均流失速率仍可达 1.49 升/小时（范围在 0.75～2.23 升/小时）。由此推算，运动员在一场超过 2 小时的马拉松长跑赛事中，可以流失 3 升或以上的汗液。

在较凉快及温和的环境下，人体产生的热能可以借着辐射和对流来散发，而依靠汗液蒸发来散热的需求降低，所以汗液的流失量相对较少。在炎热的环境下，体热主要靠汗液的蒸发来排出体外，穿着沉重或不通风的衣物都会妨碍体热借着汗液的蒸发而排出体外，汗便会流得更多。反过来说，当气流增强的时候（起风、跑动），会促进汗液的蒸发，减少掉到地上的汗液量。

汗液中电解质（钠、钾、钙、镁等）的流失量要视汗液的总流失量和汗液中电解质的浓度而定，而且会因每个人的遗传、膳食、汗流速率和热适应能力不同而有所不同。性别、成熟程度和年龄对此却无显著影响。虽然汗腺能重新吸收钠和氯化物，但其吸收能力不会随着汗流速率的上升而提高，因而汗液中钠和氯化物的浓度不会随着汗流速率加快而升高。热适应能增强汗腺再吸收钠和氯化物的能力，使人体无论在何种程度的汗液流失速率下，汗液中钠的浓度都会较低。

二、脱水

运动时体重的改变可以用来计算汗液的流失速率。由于汗液的比重为1克/毫升，每减轻1克的体重就代表流失了1毫升的汗液。因此，运动前后体重的差值便可以用作水分补充的指标。对大部分人来说，在较炎热的天气中，水分流失超过体重的2%便会开始影响其有氧运动和认知上的表现，但实际情况会因环境温度、运动种类和个人生理特质而有差异。在较寒冷的天气中，脱水量超过体重的3%才会开始影响有氧运动的表现。不过，就算脱水量超过了体重的3%~5%，仍不会影响无氧运动和肌肉力量的表现。

脱水不但会影响运动表现，还可能导致热衰竭，甚至是中暑等严重后果。另外，适度补充水分（高于汗液流失量）而未能适当补充钠，会使得血浆内的钠过少，便会造成运动性低钠血症，而且血钠的浓度降得越低、降得越急，出现脑部疾病（水肿）及肺水肿的风险就越大。低血钠症的症状包括头痛呕吐、手部及脚部肿胀、不安、不寻常的疲累、混乱和失去知觉、呼吸时出现气喘声等。当血钠的浓度低于120mmol/L时，甚至会出现昏迷、呼吸停顿，乃至死亡的情况。

三、补水

（一）运动前的水分补充

运动前4小时便应开始按体重补充水分（5~7毫升/千克），如果之后未有小便或尿液的颜色仍较深，便应在运动前2小时，再按体重补充水分（3~5毫升/千克）。在运动前数小时开始补充水分，确保体内的水平衡在运动开始前恢复正常。饮用含钠的饮料及进食含少量食盐的小吃能刺激口渴的感觉并保存喝进的水分，一般来说，15℃~21℃的水较为可口。

（二）运动时的水分补充

运动时水分补充的目标就是防止脱水（超过体重的2%）和保持电解质平衡。补充的水分量和速率要按个人的汗液流失速率、运动的持续时间而定。运动的持续时间越长（超过3小时），水分补充量与汗液流失速率之间的平衡就越重要，否则会造成脱水或运动性低血钠症。运动员的跑速越高、体重越重，气候越炎热，饮水的量就应当越多；反之，个子较小、体重较轻、速度较慢的运动员，饮用的量可以相对少些。

至于运动饮料的成分，除了要含有电解质（钠、钾、氯化物）外，还要包含 4%~8% 的碳水化合物，以补给能量。碳水化合物的补给有助于维持运动的强度，每小时饮用 30~60 克的碳水化合物饮料，能有效维持血糖的水平，从而保持运动表现。不过，运动饮料中的碳水化合物不宜超过 8% 的浓度，否则容易滞留胃部，妨碍水分的吸收。

（三）运动后的水分补充

运动时因为大量出汗，身体会流失很多水分及电解质等，如果不及时补水就会引起脱水，脱水可导致人体生理机能和运动能力下降。运动后要及时补水，但运动后补水并不意味着要快速地饮用大量的水，运动后补充水分也是很有讲究的。

1. 运动后应喝淡盐水

运动出汗后，汗液会带走人体一部分盐分，如果条件允许，应尽量在水中加少许盐，口感有淡淡的咸味即可。这样做可保持健身者的身体内环境稳定，使运动带来的脂肪燃烧作用能够充分发挥。

2. 避免一次性补充大量水

运动后补水要采取少量多次的方法。由于水分流失的同时，体液也在流失，体液中包含的钾、钙、钠、镁等电解质也随之流失。因此可以选择补充运动饮料（稍加盐的凉开水或低糖饮料），但是饮料的含糖量不能过高，因为糖的浓度过高，会使饮料在胃中停留的时间过长，反而使水分不能及时进入体内。一般来说，夏天饮用的饮料中糖的浓度不宜超过 5%，最好在 2.5% 左右，冬天则可在 5%~15%，这样可以使饮料通过胃较慢、较稳定地供应机体，以保持体内的糖和水分的平衡。水的温度也不是越凉越好，以8℃～14℃为宜。要有时间间隔地喝水。大量运动往往使人口渴难耐，常会一口气喝个够，这样对肠胃和心脏伤害很大，会加重它们的工作负担。应该先喝250毫升左右，停10～15分钟，再喝300毫升左右。这样分多次饮用，可以让身体慢慢吸收水分。饮水速度要慢，不可过猛，应该沉住气一口一口地喝。

3. 运动后不要喝冷水、生水

由于常人的体温在37℃左右，经过剧烈运动后，有时会上升到39℃左右。如果饮用过冷的水，就会强烈刺激胃肠道，容易造成胃肠功能紊乱，严重的会导致消化不良。特别需要注意的是，在炎热的夏天，很多人喜欢在运动后喝冰水，虽然那种畅快的感觉非常好，但是对人体的伤害是比较大的。有些人运动后喜欢对着水龙头喝水，他们认为这样能一次性地喝很多水，可以补充足够的水分。但事实是：生水不仅凉而且不卫生，喝了容易拉肚子，还会引发肚子疼。

运动中消耗过多水分时可以大量补充运动饮料，但平时，如果出汗多，还是以喝白开水为主，任何种类的甜饮料都要少喝，特别是正在减肥的朋友。有研究显示，两瓶500毫升的甜饮料所含的热量约等于一顿晚餐。因此，多喝白开水，特别是温白开水，是保持身体正常代谢、维持水平衡的最佳途径。

参考文献

[1] 黄果. 现代体育教学创新与科学运动训练探究 [M]. 北京：中国原子能出版社, 2022.

[2] 杨闯建, 周丽英, 张建伟. 大学体育运动指导与实践 [M]. 南昌：江西人民出版社, 2022.

[3] 艾丽, 张平. 新时代大学体育运动与健康教程 [M]. 北京：清华大学出版社, 2022.

[4] 潘华山, 冯毅翀, 章荣. 体育保健与康复专业系列教材 运动康复 [M]. 广州：广东教育出版社, 2022.

[5] 王芳. 高校运动训练和体育教学的发展策略研究 [M]. 哈尔滨：哈尔滨出版社, 2022.

[6] 刘建. 体育运动与科学训练 [M]. 长春：吉林出版集团股份有限公司, 2022.

[7] 樊文娴, 马识淳, 王冬枝. 高校体育教学与大学生体育运动管理 [M]. 长春：吉林出版集团股份有限公司, 2022.

[8] 翟一飞. 体育运动促进青少年体质健康的攻略研究 [M]. 哈尔滨：东北林业大学出版社, 2022.

[9] 董晓雪. 现代生活体育的内涵发展及运动理论 [M]. 西安：陕西科学技术出版社，2022.

[10] 高慧林，耿洁，张丽. 现代体育教学创新与运动训练发展研究 [M]. 北京：中国华侨出版社，2021.

[11] 龙军. 大学生体育运动与健康 [M]. 成都：电子科技大学出版社，2020.

[12] 徐铖，万艳. 体育运动训练与本体感觉研究 [J]. 文体用品与科技，2019(13)：249-250.

[13] 孟奕君. 体育与运动康复训练对肢体障碍大学生身心康复的价值研究 [J]. 大众标准化，2020,(20)：125-126.

[14] 宋杰，龚晓飞. 体育教育与运动康复训练对肢体障碍大学生身心康复的价值研究 [J]. 体育世界（学术版），2017(24)：173-174.

[15] 李超凡，李超成. 浅谈呼吸训练在体育运动中的相关研究与进展 [J]. 当代体育科技，2020(7)：16-17，19.

[16] 李明，雷蕙芃，王福秋. 体校训练中的运动损伤与康复手段研究 [J]. 当代体育科技，2023(31)：9-13.

[17] 高乐乐. 探究运动康复训练策略 [J]. 文体用品与科技，2020(10)：191-192.